Franz Louis Meinhold

Hagedorns Gedanken von sittlicher und geistiger Bildung

Franz Louis Meinhold

Hagedorns Gedanken von sittlicher und geistiger Bildung

ISBN/EAN: 9783743653030

Hergestellt in Europa, USA, Kanada, Australien, Japan

Cover: Foto ©Andreas Hilbeck / pixelio.de

Weitere Bücher finden Sie auf **www.hansebooks.com**

HAGEDORNS

GEDANKEN VON SITTLICHER UND GEISTIGER BILDUNG.

INAUGURAL-DISSERTATION

ZUR

ERLANGUNG DER PHILOSOPHISCHEN DOCTORWÜRDE.

BEI DER

PHILOSOPHISCHEN FACULTÄT

DER

UNIVERSITÄT LEIPZIG

EINGEREICHT

VON

FRANZ LOUIS MEINHOLD

AUS JÄGERSGRÜN I. V.

LEIPZIG.

DRUCK VON ADOLPH MEHNERT.

1894.

Litterarische Erzeugnisse tragen mehr oder weniger das Gepräge der Zeit ihrer Entstehung. Sie heissen hervorragend, wenn sie zwar in Vergangenheit und Gegenwart ihre Wurzeln haben, aber auch Knospen treiben und Blüten reifen, welche schon Kennzeichen einer besseren Zukunft sind. Solche Geisteswerke verdankt die Welt Männern, die, beseelt von freierem Geiste und edlerem Sinne als ihre Zeitgenossen, und ohne sich von der Meinung der vorurteilsvollen grossen Masse beirren zu lassen, ihr höheres Bildungsideal in der Mitwelt zu verwirklichen streben. Obgleich dagegen ankämpfend, werden die Vertreter der Überlieferung doch mit fortgerissen, bis auch sie oder die Nachwelt auf der höheren Stufe geistiger Entwicklung angekommen sind. Zuweilen ist es ihnen dann wohl nicht einmal bewusst, wie das geschehen, und wem sie den Fortschritt zu danken haben.

Zu den führenden Geistern der Nation gehören nicht in letzter Linie unsere Dichter. Seit Jahrhunderten haben sie daran gearbeitet, Geist und Herz ihres Volkes zu veredeln. Hand in Hand mit Philosophie, Wissenschaft und Kunst hat die deutsche Dichtung unsre Nation zu immer höheren Stufen der Kultur emporgeleitet. Es ist von höchstem Interesse, den Anteil, welcher der Dichtung an diesem geistigen Aufschwunge zufällt, geschichtlich zu untersuchen; nachzuspüren und nachzuweisen, wie die deutschen Dichter allmählich und mühsam zunächst sich selbst von den überlieferten geistigen Fesseln befreit und dann auch das deutsche Volk zu nationaler und geistiger Selbständigkeit erzogen haben. Derartige Untersuchungen begreifen auch einen Teil Philologie in sich und nicht den schlechtesten; jedenfalls sind sie in hohem Grade bildend. In diesem Sinne ist die folgende Abhandlung geschrieben. Sie versucht eine Darstellung und Würdigung der Gedanken von Erziehung und Bildung, welche *Friedrich von Hagedorn* in seinen Werken ausgesprochen hat. Sein Name ist an erster Stelle mit zu nennen, wenn der Vorläufer unsrer zweiten klassi-

schen Dichtungsperiode gedacht wird. „Ein Mann, der viel
Verdienst um uns hat! Er ist auch einer von denen, die
Saamen ausstreuten, den ihre Nachkommen ärnteten." So schreibt
über Hagedorn der Almanach der Belletristen von 1783.¹)
Bezeichnen Hagedorns Gedanken von Bildung das Ziel,
welches er der Entwicklung des Menschen setzt, so enthalten
seine Ansichten von Erziehung mehr die Mittel und Wege
dazu. Doch lässt sich beides, ein Bildungsideal und der Weg
zur Verwirklichung desselben, nicht scharf auseinanderhalten.
Das Bildungsziel schreibt der Erziehung zugleich vor, worauf
sie das Hauptgewicht legen, und was sie zurücktreten lassen
soll; und die Art ihrer Mittel und Wege steht damit im innig-
sten Zusammenhange. Halten wir uns in der Hauptsache an
den Begriff Bildung! Nur muss im folgenden jede einseitige
Auffassung dieses gegenwärtig so sehr umstrittenen Wortes,²)
jede Beschränkung desselben auf einzelne Gebiete ausgeschlossen
werden. Namentlich darf auch nicht die Bildung, welche sich
die Schulen als besondere Bildungsanstalten zur Aufgabe
machen, einzig und allein Berücksichtigung finden. Dichtern
und Denkern, die wie Hagedorn nicht mitten im Erzieherberufe
leben, ist die grosse Schule des Lebens das Reich ihrer Wirk-
samkeit. Darum stellt die vorliegende Abhandlung zwar die
Schulbildung in den Mittelpunkt ihrer Betrachtung. Aber sie
muss naturgemäss auch Gedankenkreise des Dichters beachten,
welche einen allgemeineren, philosophischen Charakter tragen.
Hagedorn selbst ist von seinem Erzieherberufe fest über-
zeugt. Er betrachtete es als seine und eines jeden Dichters
Aufgabe, die Mitwelt zu einer höheren Bildungsstufe empor-
zuheben. Am schönsten ist diese heilige Pflicht des Dichters
in seinem „Horaz" geschildert:³)

¹) Siehe *Karl Schmitt:* Friedr. v. Hagedorn, nach seiner poetischen
und litteraturgeschichtlichen Bedeutung dargestellt. — In Hennebergers
Jahrbuch für deutsche Litteraturgeschichte, Jahrgang I, p. 106.
²) Dem Sprachgebrauche Hagedorns ist das Wort Bildung in seiner
heutigen Bedeutung noch fremd. Es wird bei ihm in der sinnlichen Welt
angewandt und sollte erst in der zweiten Hälfte des 18. Jahrhunderts
seinen begrifflichen Inhalt vergeistigen. Vgl.
    I, 85: „In dieser Bildung (dem Bildnis Bodmers) herrscht der
        schöpferische Geist" u. s. w. —
    I, 90: „Nicht seiner (des Folianten) Bildung muss man spotten". —
    Auf die sprachliche Form ist der Ausdruck bezogen vor Teil I,
p. XXIII und im Vorberichte zu III, p. XXII.
    Anmerk. Die Citate sind aus der Ausgabe der Hagedornschen
Werke von 1757. Die drei Teile derselben werden mit I, II, III bezeichnet.
³) Und zwar im Anschluss an den römischen Dichter. S. Hor.
Epist. II, 126 ff.

„Der Welt zur Lust, zum Dienst und Unterrichte
Sinnt er (der Dichter) auf nichts, als ewige Gedichte . . . .
Und ficht er nicht Achillisch in der Schlacht,
So ist er doch auf andrer Wohl bedacht.
Denn ist es wahr, dass man durch Kleinigkeiten
Dem Grossen hilft; und wer wird diess bestreiten?
So bildet er der Kindheit zarten Mund,
Und macht ihr früh der Sprache Wohllaut kund,
Gewöhnt das Ohr der Wörter Wahl zu lernen,
Im Ausdruck sich vom Pöbel zu entfernen:
Dann giebt er auch dem Herzen die Gestalt,
Durch treuen Rath, durch freundliche Gewalt.
Die Rauhigkeit der Sitten, die verwildern,
Den Neid, den Zorn weiss seine Kunst zu mildern.
Ein Dichter lehrt das menschliche Geschlecht
Der Tugend Reiz und ihrer Thaten Recht.
Ein Dichter stellt für Zeiten, die entstehen,
Exempel dar, den Mustern nachzugehen." I, 80. 81.

Wie sehr Hagedorn sich freute, dass seine Werke auch in
weiteren Kreisen des Volkes gelesen und verstanden wurden,
beweist eine Stelle aus dem „Schreiben an einen Freund".
Nachdem er hier der beifälligen Aufnahme seiner moralischen
Gedichte bei höher gestellten Personen gedacht hat, fährt er
fort: „Gleichwohl danke ich noch mehr Ihrem alten Verwalter,
dem ehrlichen Greisen, der mich lobt, weil ich, wie er sagt,
nicht heuchle, und oft Wahrheiten lehre, die wirklich verdien-
ten, gepredigt zu werden."[1]
Hagedorn war sich der grossen Verantwortung, die der
Beruf des Dichters als eines Erziehers der Menschheit in sich
birgt, wohl bewusst. Die Sorgfalt, die sich in seinen Werken
überall kundgiebt; der Fleiss, der ihn zur fortwährenden Ver-
besserung seiner Gedichte antrieb, sind ein beredtes Zeugnis
dafür. „Nach dem Steine des Weisen", schreibt er im Vorberichte zu Teil I, p. XI, „ist nichts schwerer zu finden, als
die Kunst, jedem zu gefallen . . . . Man wird mich, mit
Recht und mit Unrecht, tadeln. Beydes bestärket mich in
meinem Entschlusse, was ich geschrieben habe, oft zu verbessern, selten mehr zu schreiben, immer zu lernen." Er ist
erbittert über die gewöhnlichen Schreibereien, die
„Ohn Achtsamkeit, Beruf und Zwang,
Ohn Ordnung und Zusammenhang,
In eines Buchs Gestalt" (I, 102)
dem Publikum vorgelegt werden. Gleichfalls aus pädagogischen
Gründen gab er seinen Gedichten viele, zum Teil recht aus-
führliche Anmerkungen bei. „Ihre Absicht ist, ungegründeten
Deutungen möglichst zuvorzukommen, zu beweisen, ein weiteres
Nachdenken zu veranlassen, und zu unterhalten".[2]

---

[1] Vor Teil I, p. XV.
[2] Vorbericht zu Teil I, p. IX.

Wie unser Dichter bestrebt war, durch seine Werke auf die grosse Masse bessernd und belehrend einzuwirken, so hat er auch manchem Einzelnen fruchtbare Anregung gegeben. Die jungen Dichter, besonders die Anakreontiker, verehrten in ihm ihren geistigen Vater. Selbst materielle Opfer scheute er nicht, wenn es galt, strebsame junge Männer bei ihrem Fortkommen zu unterstützen. Namentlich sei an sein Verhältnis zu Gottlieb Fuchs erinnert,[1] dessen Leben er bis ins Mannesalter mit thätigem Interesse verfolgte. Es ist, als ob Hagedorn in solch menschenfreundlicher Fürsorge bewusst oder unbewusst einen Ersatz für wirkliche Vatersorgen und Vaterfreuden gesucht hätte. Macht man ja öfter die Erfahrung, dass Männer, die wie er keine Kinder besitzen, lebhafte Teilnahme am Wohlergehen des jungen Geschlechtes zeigen. Doch fordert dieser Umstand bei Hagedorn noch von einem höheren Gesichtspunkte aus eine Betrachtung. Es erwachte in seinem Jahrhunderte das Streben, zu Gunsten allgemeiner Wohlfahrt persönliche, mitunter selbst konfessionelle und nationale Sonderinteressen zurücktreten zu lassen.[2] Thatkräftige, liebevoll sich aufopfernde Menschenliebe ist der Inhalt dieser Zeitrichtung. In Gellert, Pestalozzi u. a. kommt sie zu lebendigem Ausdruck.

Hagedorn ist einer der Ersten, an denen jener philanthropische Zug hervortritt. Selbst ein Wohlthäter im edelsten Sinne, weist er in seinen Gedichten gar mannigfach die Mitwelt darauf hin, dass die überflüssigen Reichtümer der Erde erst dann ihre rechte Bestimmung erfüllen, wenn sie der Linderung von Not und Kummer, insbesondere auch der Förderung von Kunst und Wissenschaft dienen.[3] In England hatte er mit eigenen Augen beobachtet, wie sowohl der äussere allgemeine Wohlstand als auch die geistige Bildung eines Volkes gehoben wird, wenn der Überfluss an irdischem Gute höheren Lebenszielen dient.[4] Mit Worten der Achtung und Bewunderung gedenkt er dieses Staates in den Worten:

---

[1] S. darüber u. a. die Einleitung von Zimmers Schrift „Zachariä und sein Renommist“, Leipzig 1892.

[2] Man lese z. B. folgende Stelle aus Basedows Aufrufe von 1776: „Sendet Kinder zum glücklichen, jugendlichen Leben, in gewiss gelingenden Studien. Die Sache ist nicht katholisch, lutherisch, reformirt, aber christlich. Wir sind Philanthropen oder Kosmopoliten. Russlands oder Dänemarks Souveränität wird in unseren Lehren und Urteilen nicht nachgesetzt der schweizerischen Freiheit“.

[3] S. z. B. I, 19 fl. II, 43.

[4] England galt im vorigen Jahrhundert allgemein als der Musterstaat sozialer Verhältnisse, wie Holland im 17. Jahrhundert. — Man denke auch an die thätige Unterstützung, welche Comenius bei seinen Bestrebungen in England und Holland fand.

„Wie edel ist die Neigung echter Britten:
Ihr Ueberfluss bereichert den Verstand,
Der Handlung Frucht, und was ihr Muth erstritten,
Wird, unbereut, Verdiensten zugewandt;
Gunst krönt den Fleiss, den Macht und Freyheit schützen:
Die Reichsten sind der Wissenschaften Stützen." I, 11.[1]

Auffällig ist, dass Hagedorn der Frage der Frauenbildung
gar keine Aufmerksamkeit schenkt, um so auffälliger, als sonst
dieses Gebiet in der Litteratur des 18. Jahrhunderts einen sehr
breiten Raum einnimmt.[2] Auch sucht man bei ihm vergebens
nach einem die Würde der Frau verherrlichenden Gedichte.
Vielmehr ist die Rolle, welche die Frau in seiner Lyrik spielt,
gegenüber der des Mannes eine sehr untergeordnete. Woher
diese Missachtung weiblicher Hoheit? Der Grund liegt jedenfalls in seinen Schicksalen. Er wusste nichts von einem aus
gegenseitiger Hochachtung geflochtenen Bande zwischen Bruder
und Schwester, wie es Goethe kennen gelernt hatte. Auch
stand ihm in seinem Mannesalter nicht eine Frau v. Stein zur
Seite, in der für ihn das Ideal einer Frau verkörpert gewesen
wäre![3]
Prüfen wir nach diesen allgemeineren Bemerkungen, worin
das Bildungsziel Hagedorns besteht. Reichtum, Macht, irdisches
Vergnügen, Ansehen, Titel und Orden: all das gilt ihm bloss
als Nebensache. Wer sein Glück darin sucht, den rechnet er

---

[1] Ähnliche Forderungen wie hier Hagedorn erhoben die moralischen
Wochenschriften. Siehe O. *Lehmann*, „Die deutschen moralischen Wochenschriften des 18. Jahrh. als pädagogische Reformschriften". Leipzig,
1893. — Bezeichnend sind auch die Adressen der Aufrufe Basedows: an
die Vormünder, an Fürsprecher und Wohlthäter der Menschheit, an verständige Kosmopoliten.
Wie der Reichtum, so erhält auch äusseres Ansehen für Hagedorn
erst die rechte Weihe, wenn es dem Wohle der Mitmenschen sich widmet.
S. z. B. I, 37. Namentlich mahnt er auch die Fürsten (s. das Gedicht
„Der Sultan und sein Vezier Azem", II, 14!), „der Länder Heil nicht
nach den Siegen zu messen". In dem „Versuch einiger Gedichte" von
1729 hofft er bedeutsam „vom grossen Friedrich, dass er als der Länder
Heil die Beschwerden heben werde".

[2] Besonders nachdrücklich wurde auf die Notwendigkeit der in
den vorhergehenden Jahrhunderten vernachlässigten weiblichen Bildung
hingewiesen von den moralischen Wochenschriften. S. *Lehmann* a. a. O.
p. 46 ff.

[3] Hagedorns Frau war eine Engländerin, die an Bildung tief unter
ihm stand. — Hierauf mochte wohl auch zum Teil sein Freundschaftskultus beruhen.
Man denke dagegen an Gottsched, der, als Gatte einer gelehrten
Frau, für eine gelehrte, akademische Bildung des weiblichen Geschlechtes
eintrat. S. *Lehmann* a. a. O. p. 52 ff.
Wie überhaupt persönliche, namentlich jugendliche Eindrücke die
Ansichten von Erziehung sehr stark beeinflussen, zeigen besonders Rousseau
und Pestalozzi.

zum „Pöbel", gleichviel, welchem äusseren Stande er angehören
mag: der „ist Pöbel in dem Staub und Pöbel auf dem Thron". I, 14.
Darum lenkt Hagedorn sein Streben ab von diesem „Schein und
Wahn" und richtet es auf das wahre Wesen der menschlichen Natur:
„Um diese Pilgrimschaft vergnüglich (d. h. so, dass sie vor meinem
                                     Gewissen genügt!) zu vollenden,
Die mich von der Geburt bis zur Verwesung bringt,
Darf Ehre, Schein und Wahn nie meine Seele blenden,
Die nicht mit Träumen spielt, und nach dem Wesen ringt". 1, 27.

So schreibt er in den „Wünschen aus dem Schreiben an
einen Freund vom Jahre 1733". Alles Irdische ist ihm Traum
und Schaum. Nur was das eigentliche Ich des Menschen aus-
macht — man kann es Seele nennen — hält er für wirkliches
Sein, für wahres Leben; es soll die Richtschnur menschlicher
Entwicklung bilden. Hierin liegt der Kern von Hagedorns
Bildungsideal. Die Ausbildung ihres innersten Wesens setzt
er den Menschen als Ziel ihres Lebens. Der Keim zu dieser
Entwicklung ist in ihnen selbst enthalten; und es kommt wesentlich darauf an, ihn sich frei entfalten zu lassen. Man muss,
wie Hagedorn es mehrere Male bezeichnet, der Seele ihre „Majestät" wahren. Namentlich auf dem Gebiete der sittlichen
Erziehung erscheint es ihm als durchaus verfehlt, die menschliche Natur herabzuwürdigen. Er bemerkt hierzu, „dass die
Sache der Tugend von den Weltweisen gar schlecht befördert
werde, so oft sie unsere moralische Natur verkleinern, und der
so heilsamen Ehrerbietung gegen uns selbst die Stärke benehm-
men, die doch im Gemüthe[1]) den edelsten Eindruck behaupten
sollte." Neu waren diese Gedanken zwar nicht. Besonders
nachdrücklich hatte sie vorher David Hume[2]) ausgesprochen.
Doch hat Hagedorn neben anderen philosophischen Dichtern
und den Popularphilosophen des 18. Jahrhunderts zu ihrer Verbreitung in Deutschland viel beigetragen.[3]) In Kants Sittenlehre
hat dann die Achtung des Menschen vor seinem eigenen Ich,
die Achtung vor dem ihm ins Herz geschriebenen Sittengesetze
ihre höchste und folgerichtige Würdigung erfahren.

Handlungen, die in einem fremden Willen, in irgend einer
äusseren Autorität ihre Triebfeder haben, werden von Hagedorn
verworfen. Sie mögen zwar äusserlich gut erscheinen, sind

---

[1]) Gemüt bezeichnet hier den ganzen inneren, sittlichen Menschen.

[2]) Hagedorn selbst bemerkt (I, 44, Anmerk.): „Von der eigentlichen
Bestimmung dieser Würde verdient Hume in den Essays moral and poli-
tical (Lond. 1748), XIV, p. 119—126 gelesen zu werden.

[3]) Schmidt sagt in seinen „Biographien deutscher Dichter" (II, 383):
„Vor ihm war noch keiner ein solcher Maler der Sitten gewesen, vor ihm
hatte noch keiner mit solcher Wärme moralische Wahrheiten in poetischen
Schmuck gekleidet".

aber, vom rein sittlichen Standpunkte aus beurteilt, völlig wertlos. Nur wenn edle Thaten aus der innersten Gesinnung des Menschen, aus Selbstentscheidung, hervorgehen, können sie als sittlich vollkommen gelten.[1]) Den sichersten Beweis dafür, dass ihm sittliche Würde innewohnt, giebt ein Mensch dann, wenn er auch da, wo er von niemand als sich selbst beobachtet wird, nicht zaudert, aus den edelsten Beweggründen zu handeln. Darum kommt es auf moralischem Gebiete hauptsächlich darauf an, sich seine sittliche Würde zu wahren. „Auf diese vorzüglichste Würde des Menschen gründet sich die alte Lehre: Summus pudor ipse tibi sis![2]) Uns klingt dieselbe Lehre in Worten entgegen, wie: „Sich vor sich selber schämen, vor sich selbst erröten". Ausserungen, die man bedeutsam namentlich denen gegenüber fallen lässt, die man für gebildet hält! Wie ein aufrichtiger Freund soll man seinem eigenen Selbst zur Seite stehen, das eigene Handeln bewachend und beratend:

„Wer dies von Weisen lernt, sein eigner Freund zu werden,
Mit der Versuchung nicht sich heimlich zu verstehn;
Der ist (ihr Grossen, glaubts) ein grosser Mann auf Erden,
Und darf Monarchen selbst frey unter Augen gehn." I, 28.

Freilich kostet es dem Menschen harte Kämpfe, Herr über die in seiner sinnlichen Natur ruhenden eigennützigen Neigungen zu werden. Um so schätzenswerter aber ist die aus dem Kampfe siegreich hervorgehende Sittlichkeit.[3]) „Sich selbst besiegen ist der schönste Sieg". Solcher Tugend ist zugleich wahre Schönheit eigen. Shaftesbury besonders hatte die Moral zur Ästhetik in Beziehung gebracht. Anklänge an seine Tugendlehre findet man auch bei Hagedorn. U. a. bezeichnet er als den Hauptwunsch seiner Seele:

„Sie wünscht sich nicht gelehrt, und schöpft aus nahen Gründen
Den glücklichen Geschmack, die Tugend schön zu finden." I, 30.

Soweit das Schöne und Gute in der eigenen Person zur Darstellung kommt, hält Hagedorn auch die Selbstliebe für berechtigt:

„Die Liebe zu uns selbst, allein die weise nur,
Ist freilich unsre Pflicht, die Stimme der Natur." I, 45.

Es ist die hier gemeinte Selbstliebe nichts anderes als die Achtung vor der eigenen moralischen Würde, die Achtung vor dem Ich, soweit es mit dem Sittengesetze übereinstimmt.[4]) So

[1]) „Verschwiegene Tugenden, die wir mit Kenntnis (d. h. Erkentnis) üben, sind noch einmal so schön, als was Homer geschrieben". I, 83.
[2]) S. I, 44, Anmerkung.
[3]) Man denke auch an das bekannte Wort Hallers: „Die Welt mit ihren Mängeln ist besser als ein Reich von willenlosen Engeln".
[4]) Ähnlich *Kant*, die Religion innerhalb der Grenzen der blossen Vernunft, Reclams Ausgabe, p. 47—48, Anmerkung.

verstanden, wird sie ebenso gern auch fremden Verdiensten
gerecht:

> „Sie verknüpft sich auch mit den Bewegungsgründen,
> In andern, wie in uns, das Gute schön zu finden,
> Dem Schönen hold zu sein." I, 45.

Darum bildet die auf der sittlichen Würde des Menschen
beruhende Tugend zugleich die sicherste Grundlage für echte
Freundschaft. Es würde etwas abschweifen, Hagedorns Gedanken über das Wesen dieser Zierde des Lebens darzulegen.[1]
Sie sind zwar auch heute noch lehrreich, sollen hier jedoch
nur insoweit gewürdigt werden, als auch sie seinen erziehe-
rischen Einfluss bezeugen.

Die Unsitte freundschaftlicher Lobhudelei, wie sie in den
Lob- und Gelegenheitsgedichten des 17. Jahrhunderts und noch
zu Anfang des 18. zu Tage trat, beweist, dass eine Darstellung
des Ideals der Freundschaft auch für die besten Kreise sich
notwendig machte. Dem erwähnten Brauche hat besonders
Hagedorn, auch hierin anderen voran, ein Ende bereitet.
„Scharfsinnigkeit und Wortgepränge gehören nicht zu den
Schönheiten der Freundschaft" — heisst es in seinem „Schreiben an einen Freund".[2] Er forderte Wahrheit in Wort und
That. Und so verlor auch das Wort vom Dichter als einem
Lügner allmählich seine Berechtigung. Die jungen, aufwärts-
strebenden Elemente in der damaligen deutschen Dichterwelt
hatten zum Teil Gelegenheit, das hohe Gut wahrer Freundschaft
im persönlichen Verkehre mit Hagedorn kennen und schätzen
zu lernen. Für die Dichterkreise in Leipzig und Halle bildete
er dann einen geistigen Mittelpunkt, eine belebende Seele.
Mag hier und anderwärts der Freundschaftskultus einmal etwas
zu weit getrieben worden sein: der Grundcharakter war
durchaus edel. In dem einzigartigen Freundschaftsbündnis
zwischen Goethe und Schiller fand endlich Hagedorns Ideal
seine reifste und schönste Verwirklichung. Denn dieser Bund
war „der Vollkommenheit, der Weisheit Kind, ein Werk der
besten Wahl, der Tugend Meisterstück!"[3] Ein würdiges Denk-
mal nicht bloss in der Geschichte deutscher Litteratur, sondern
ein Glanzpunkt in der Geschichte unserer Nation überhaupt!

Zuweilen könnte man bei der Lektüre der Hagedornschen
Werke auf die Vermutung kommen, der Dichter nehme es mit
der Moral nicht sehr genau. So gipfelt die Fabel vom Wolf
und dem Pferde in der Lehre:

---

[1] S. darüber namentlich I, 40 ff.
[2] Vor Teil I, p. XIII.
[3] S. I, 50.

Nichts giebt ein grösseres Vergnügen,
Als den Betrüger zu betrügen". II, 22.

Eigenbrodt[1]) bezeichnet dieses Wort als „Nicht sehr moralisch" und hat damit wohl recht. Allein um Hagedorns wahre Gesinnung kennen zu lernen, muss man seine moralischen Gedichte studieren. Wenn er in einer Fabel einmal einen unlauteren Zug des gewöhnlichen menschlichen Treibens schildert[2]), so empfiehlt er ihn damit noch nicht zur Nacheiferung. Man kann auch zugestehen, dass eine gewisse, satirische Derbheit seinem Wesen nicht fern lag. Lessings Kollektaneen[3]) urteilen über ihn: „Dieser Mann, der in seinen Schriften so vorsichtig, so anständig und so gutherzig war, war in seinem mündlichen Umgange äusserst beissend und beleidigend". Gewiss wird Hagedorn gegen falsche Herzen oder eitle Thoren, gegen Stutzer und Schwätzer und alle die, denen er auch in den Gedichten seinen verachtenden Spott fühlen lässt, sich nicht besonders liebenswürdig gezeigt haben. Aber auch bloss in diesem Sinne möge Lessings Urteil verstanden werden. Die Kolektaneen selbst fügen zur Bekräftigung desselben nur eine Begebenheit aus Hagedorns Leben hinzu, die erzählt, wie er einmal einen lästigen Schwätzer Taylor durch einen kecken Scherz zum Schweigen brachte. Im übrigen war unser Dichter eine durchaus edle Natur. Die besten Männer waren durch ihn und für ihn begeistert, sie sangen ihm Worte des Lobes und Dankes.

Hagedorns Moral besteht in der Entwickelung und Anwendung der edelsten dem Menschen innewohnenden Kräfte.[4]) Sie ist für ihn die Richtschnur des menschlichen Handelns und lässt von selbst die Fragen der religiösen Bildung in den Hintergrund treten. Dass seine poetischen Werke mit einem „Allgemeinen Gebethe nach dem Pope" und „Schriftgemässen Betrachtungen über einige Eigenschaften Gottes" beginnen, will gegenüber der grossen Masse von religiösen Gedichten, welche die Litteratur der vorhergehenden Jahrhunderte, sowie auch seiner Zeit aufweist, nicht viel sagen. Man sucht bei ihm u. a.

---

[1]) *Eigenbrodt*. Hagedorn und die Erzählung in Reimversen, Berlin 1884, p. 40.
[2]) S. auch II, 119: „Der Rabe und der Fuchs".
[3]) Hempel 19, 373.
[4]) Das wollte die vorige Zusammenstellung seiner bedeutungsvollsten sittlichen Aussprüche zeigen. Was er sonst noch über Tugend und Sittlichkeit sagt, ist unwesentlich. Vgl. jedoch noch
II, 44—46, wo er die seinem Wesen so verhasste Verstellungskunst und Falschheit schildert;
III, 49—51, wo er seine Ansichten über die sozialen Verhältnisse seiner Zeit darlegt: eine Satire, der man um ihres heiteren Charakters willen die Übertreibung gern verzeiht.

vergebens nach einer Verherrlichung unseres Heilandes und seines Erlösungswerkes. Wie bei allen Männern, welche die Moral in den Mittelpunkt menschlichen Strebens stellen, so bildet sie auch bei Hagedorn den Massstab für den Wert oder Unwert religiöser Formen. In der Form, in welcher das Christentum seiner Zeit sich darstellte, schien es ihm nicht geeignet dazu, die Sittlichkeit zu heben.[1] Einen besonders unvorteilhaften Eindruck mögen die Verwalter des göttlichen Wortes auf ihn gemacht haben. Er giebt mehrere Male seinem Unwillen über die „Zunft der Heuchler“, wie er sie nennt, Ausdruck.[2] Wie er dagegen den Beruf eines Geistlichen auffasst, zeigt sein „Charakter eines würdigen Priesters“.[3]

Hagedorn hat sich nicht direkt gegen den Offenbarungsglauben ausgesprochen. Doch liest man seine Abneigung gegen das Dogma zwischen den Zeilen. Auch der Pietismus vermochte ihn nicht zu fesseln. Diese Glaubensrichtung widersprach seinem Wesen; und zudem war sie im 18. Jahrhundert zum Toil in Scheinfrömmigkeit und Heuchelei ausgeartet: Eigenschaften, die ihm von Grund aus verhasst waren.[4] Am ehesten kann man ihn einen Deisten nennen.[5] Gott, Pflicht, Unsterblichkeit! Dieses Glaubensbekenntnis ist auch das seinige. Er fordert Erfüllung der sittlichen Pflichten; äussere, von Dogma und Kultus gebotene Handlungen gelten ihm als Nebensache. Denn, fragt er,

> Erkennt man Christen bester Art
> Allein an ihrem Kirchengchen?“ I, 95.

So ist Hagedorns Religion eine rein moralische und hat ihren letzten Grund in des Menschen Innerem. Er legt die göttliche Offenbarung in des Menschen eigenen Busen. Sein vergeistigter Offenbarungsbegriff bedarf nicht der Autorität äusserer, geschichtlicher Begebenheiten und ist auch von kon-

---

[1] Siehe z. B. den Schluss der Erzählung von *Ben Haly*: II, 60.

[2] Am Schlusse des Epigrammes: „An einen Mahler“ (I, 98), welches den Stolz mit dem höhnenden Blicke, dem herrisch drohenden Trotze, dem Spiegel vor dem Antlitze und dem Pfau zur Seite schildert, heisst es: „Und fehlt ihm ja noch was an Aehnlichkeit, So gieb ihm Calchas Kropf, und Wanst, und Priesterkleid!“

[3] I, 98: Es ist Theophilus ein Lehrer jeder Pflicht: So heilig wie sein Amt, so wahr als sein Gesicht u. s. w.

[4] Wenn er jedoch (im Vorberichte zu den Fabeln und Erzähluugen) über Zinzendorf als den „erleuchteten Grafen“ mit den „bischöflichen Poesien“ ironische Bemerkungen fallen lässt, so beurteilt er diesen Mann nicht gerecht. Zinzendorfs Name ist dabei nicht genannt, doch kann die Anspielung nicht missverstanden werden.

[5] Dies liesse sich schon aus seiner Fühlung mit England erklären. Auch lebte ja Reimarus mit ihm zu gleicher Zeit und in derselben Stadt.

fessionellen Unterschieden völlig unabhängig. Dieselben Gedanken
über religiöse Erziehung, denen man bei Hagedorn, wenn auch
ohne systematische Ordnung, begegnet, charakterisieren das
ganze 18. Jahrhundert und fanden in Kants Religionslehre die
reifste Darstellung. Das dem Menschen ins Herz geschriebene Christentum ist
dem Dichter eine heilige Sache. Dies geht u. a. aus zweien
seiner Briefe an Bodmer,[1]) sowie aus seinen Mahnungen an
die jungen anakreontischen Dichter hervor. Die Freiheiten,
welche sich manche zu weit gehende Eiferer gegen die Religion
erlaubten, zeigen nach seiner Meinung „mehr den Mangel an
Erziehung, als den wahren Reichthum der Einbildungskraft an".[2])
Er ist erzürnt über die Neuerer, welche ohne tieferes Verständnis, nur um zu den Geistern des Fortschritts gezählt zu
werden, „ihren Glauben fehlerhaft finden und sich als des
Christenthums unbärtige Winkelrichter" aufspielen.[3])

Mit den dargelegten Ansichten von religiöser und morali-
scher Bildung steht durchaus nicht im Widerspruch, dass Hagedorn einen heiteren Lebensgenuss billigt. Vielmehr wird mass-
volles Geniessen irdischer Freuden von ihm ebenfalls als eine
Forderung der Menschennatur dargestellt:

> „Was edle Seelen Wollust nennen,
> Vermischt mit schnöden Lüsten nicht!
> Der echten Freude Wehrt zu kennen
> Ist gleichfalls unsres Daseyns Pflicht."   III, 95.

„Es zeigt die Sprache muntrer Jugend nicht stets der
Jugend Fehler an", bemerkt der Dichter mit richtigem Verständnis des Kinder- und Jünglingsgemütes. Ebenso ist er über-
zeugt, das ein lauterer Charakter auch in einer heiteren Lebensart
sich als solcher wohl bewähre. Nur sollen Geschmack und feiner
Anstand die Wahl der Freuden treffen und ihnen ein Ziel
setzen.[4]) Denjenigen, welche den Kelch irdischer Freuden bis
auf die Neige leeren und dabei mit Anakreon und Epikur im

---

[1]) Mitgeteilt bei *Schuster*, Friedr. v. Hagedorn, Leipziger Disser-
tation 1882, p. 82 u. 83.

[2]) Brief an Gleim vom 12. Mai 1747. Siehe *Eschenburgs* Ausgabe
der Hagedornschen Werke von 1825, Bd. V, p 150. — „Reichthum der
Einbildungskraft" bedeutet hier ungefähr selbständigen, schöpferischen Geist.

[3]) Dieses „Klügeln" ist der liebste Zeitvertreib des Gothilas:
„Er quälte sein Gehirn, die Werkstatt früher List,
Dir, o Spinoza, nachzuäffen:
Als ein unsterblicher Deist,
Der kleinen Ketzer Schwarm dereinst zu übertreffen!"   I, 97.

[4]) „Sind nicht der wahren Freude Gränzen
Geschmack und Wahl und Artigkeit?
Entehrte Scipio mit Tänzen
Den Heldenruhm und seine Zeit?

Einklang zu sein glauben, zeichnet Hagedorn diese Männer als
edle, reine Charaktere.[1]) Es erscheint ihm ungerechtfertigt, dass
die Anhänger der Enthaltsamkeit mit der bis ins Extrem sich
verirrenden Lehre von Epikurs Nachtretern das Weisheits- und
Glückseligkeitprinzip des angeblichen Vorbildes zugleich ver-
werfen.[2]) Die Anakreontiker aber belehrt er, dass dieser nicht
ein Freund von leichtem, lockerem Leben gewesen, dass er
vielmehr ebenso wie Sokrates den Namen eines Weisen verdiene.
Er warnt sie dringend davor, bei ihren Liebe und Wein verherrlichenden Dichtungen Religion und Moral ausser acht zu
lassen[3].)

Die Liebe, die auch Weise loben,
Macht ihre Liebe nicht zu frey:
Der Wein, den Plato selbst erhoben,
Verführt ihn nicht zu Völlerey . . .
Zu altdeutsch trinken, taumelnd küssen
Ist höchstens nur der Wenden (!) Lust
Wie Kluge zu geniessen wissen
Verbleibt dem Pöbel unbewusst,
Dem Pöbel, der in Gift verkehret
Was unserm Leben Stärkung bringt,
Und der den Becher wirklich leeret,
Wovon der Dichter doch nur singt".
(Wasserpoeten!) IV, 95, 96.

[1]) S. z. B. Brief an Gleim, 12. Mai 1747. Eschenburgs Ausgabe
V, 150. 151.
[2]) Den „Encratiten" ruft Hagedorn zu:
Ihr kennt vielleicht Epikuräer,
Doch kennt ihr auch den Epikur?"   III, 95.
[3]) S. III, 65:
„Ihr Dichter voller Jugend,
Wollt ihr bey froher Musse
Anacreontisch singen;
So singt von milden Reben,
Von rosenreichen Hecken,
Vom Frühling und von Tänzen,
Von Freundschaft und von Liebe;
Doch höhnet nicht die Gottheit,
Auch nicht der Gottheit Diener,
Auch nicht der Gottheit Tempel.
Verdienet, selbst im Scherzen,
Den Namen echter Weisen."
S. ferner I, 100 „An Celsus, einen jungen anakreontischen Dichter":
„Erheb und zeige dich dem deutschen Vaterlande!
Doch, sollen itzt noch Kuss und Wein
Der Inhalt deiner Töne sein;
So singe beyder Lob nicht zu der Sitten Schande!
Wie dir Anakreon gefällt,
So heisse stets der klugen Welt
Ein Weiser, wie er hiess, in jeglichem Verstande!" —
Siehe auch I, 101. Anmerkung.

Man kann sich unter Bedingungen mit Hagedorn einverstanden erklären. Heiterer Lebensgenuss ist eines Gebildeten durchaus nicht unwürdig. Nur gehört eine gründliche Durchbildung von Geist und Gemüt dazu, um im irdischen Genuss das rechte Mass zu halten. Darin eben liegt die Schwierigkeit, wenn es gilt, Epikurs Glückseligkeitsprinzip für die Allgemeinheit verständlich zu machen oder gar zu verwirklichen. Hagedorn selbst war irdischen Freuden und geselligen Vergnügen nicht abgeneigt.[1] Es spiegelt sich diese Seite seines Wesens auch in seinen Gedichten ab. Manches darin ist sogar recht verfänglich. Und wenn er zu seiner Entschuldigung[2] es lächerlich findet, „jeden scherzhaften Einfall und jeden Ausdruck eines Liedes nach den Sätzen der strengsten Sittenlehre" zu beurteilen oder vom Dichter zu verlangen, er solle „nur für die liebe Jugend und unbärtige Leser"[3] schreiben, so kann man auch anderer Meinung sein als er. Doch muss ihm die Nachwelt dafür dankbar sein, dass er einige anstössige Lieder, welche sich nach Eschenburgs Mitteilung in seinem Nachlasse vorfanden, der Veröffentlichung taktvoll vorenthalten hat. Und seine herausgegebenen Gedichte zeigen gegenüber den „Galanten Gedichten" früherer Zeit einen bedeutenden Fortschritt in Bezug auf Geschmack und Bildung. Die feine freiere Lebensweise, welche er sich in der mit vielen Vorzügen ausgestatteten Reichsstadt Hamburg, sowie bei seinem Aufenthalte in England und durch die Lektüre lateinischer, französischer und englischer Dichter angeeignet hatte, übte auch auf seine poetischen Werke ihren vorteilhaften Einfluss aus. Gegenüber den beengenden Fesseln steifer Etikette, welche das damalige Leben und Dichten charakisiert, war eine frischere Lebensluft auch dringend nötig. Nur so konnte sich auf den verschiedensten Gebieten deutscher Bildung ein freieres, schaffensfreudiges, selbständiges Leben entfalten.

Hagedorn hat an dieser Entwicklung wacker mitgearbeitet. Seine Zeitgenossen und Nachfolger waren sich dieser seiner Bedeutung wohl bewusst. Wieland nennt ihn in der Vorrede zu seinen poetischen Werken „Den ächten Horatz unsrer Nation, wenn anders jemand diesen Namen verdienen kann; den Dichter, den an Feinheit des Geschmacks keiner, von welcher

---

[1] *Lessing* bezeichnet dies sogar als die Ursache von Hagedorns frühzeitigem Tode. S. Lessings Werke, Hempel 19, p. 373.
[2] Besonders hart hatte ihn Graf Manteuffel, das Haupt einer Gesellschaft zur Verbreitung Wolff'scher Philosophie, beurteilt, der in seinen Gedichten einen „Schweinischen Epikuräismus" fand. Siehe über die Veranlassung *Danzel*, „Gottsched und seine Zeit", p. 151. Anmerk. 3.
[3] S. Vorbericht zu III, Anmerk. 26.

Nation es sey, übertroffen hat". „Hagedorn", sagt Ramler, war
der erste, der die Trinklieder und Scherzgesänge unserer Nach-
barn naahahmte, und sie an den Tafeln, auf den Spatziergängen,
in den vermischten Zirkeln der artigen Welt einführte ....."[1])
In Schmid's Biographien deutscher Dichter heisst es:[2]) „In eben
diesem Jahre (1751) betrat Hagedorn eine ganz neue Bahn,
und — den finstern Splitterrichtern zur ewigen Belehrung —
der weise moralische Dichter ermunterte nun seine Nation zur
Fröhlichkeit. Er machte die ernste deutsche Muse nun auch
gesellig, und lehrte ihr, sich mit den Scherzen und Grazien zu
vereinbaren. Er gab zuerst den fröhlichern Gesellschaften, den
Kreisen munterer Jünglinge und lächelnder Schönen, Stof zu
einem Zeitvertreibe, an dem auch der gute Geschmack Antheil
haben konnte. Der schwerfällige Deutsche lernte durch ihn,
den Becher in der Hand, einen Rundgesang anstimmen, ein
Vaudeville trallern, und den Kuss der Phyllis nicht allein
schmecken, sondern auch mit Empfindung besingen. Nun dürfen wir die liederreichen Franzosen nicht mehr um ihre Chan-
sons beneiden, Hagedorn ist der Vater einer grossen Schaar
von Sängern des Weins und der Liebe unter uns geworden.
Geist, Enthusiasmus, Witz, Natur, Treuherzigkeit, Simplicität,
Leichtigkeit, Naivetät, musikalische Harmonie entzücken uns in
den hagedornschen Liedern. ...... Sie sind jetzt in dem
Gedächtnisse der Nation, und auf jeder Zunge. Die Tonkünst-
ler[3]) haben sich um die Wette bemüht, sie zu dem Endzweck
geschickt zu machen, zu dem sie bestimmt sind ..... Wer
schämt sich heutzutage nicht, den Lauf der Welt (folgen noch
20 Überschriften Hagedornscher Lieder!) .... nicht zu kennen?
Herrn Ramlers Sammlung der Lieder der Deutschen hat sie
noch um vieles allgemeiner gemacht".[4])

Diese Zeugnisse beweisen genugsam, welchen hervorragenden
Einfluss Hagedorn auf eine freiere Lebensentfaltung des deutschen
Volkes ausgeübt hat. Die jungen emporstrebenden Dichter,
und zwar nicht blos die anakreontischen, verehrten in ihm ihren
geistigen Vater, sangen in Freundeskreisen seine Lieder und
ahmten ihm nach.

„Und wir Jünglinge sangen,
Und empfanden, wie Hagedorn" —

[1]) *Schmid*, Biographien II, 388.
[2]) Ebenda, 388 ff.
[3]) *Bach, Quanz, Görner, Gräfe* u. a.
[4]) Ramlers Sammlung erschien 1766, in Musik gesetzt. Ebenso enthält seine „Lyrische Blumenlese" von 1774 (2. Band von 1778) einige
Gedichte von Hagedorn.

ruft Klopstock in seiner Ode „Der Zürichersee" im Namen vieler.
Und Hagedornscher Geist weht uns entgegen, wenn er an demselben Orte singt:

„Lieblich winket der Wein, wenn er Empfindungen,
Bessere sanftere Lust, wenn er Gedanken winkt,
Im sokratischen Becher
Von der thauenden Ros' umkränzt;
Wenn er dringt bis ins Herz, und zu Entschliessungen,
Die der Säufer verkennt, jeden Gedanken weckt,
Wenn er lehret verachten,
Was nicht würdig des Weisen ist." [1]

Man lese ferner die Huldigung im „Wingolf":

„Zu Wein und Liedern wähnen die Thoren dich
Allein geschaffen. Denn den Unwissenden
Hat, was das Herz der Edlen hebet,
Stets sich in dämmernder Fern verloren!

Dir schlägt ein männlich Herz auch! dein Leben tönt
Mehr Harmonieen, als ein unsterblich Lied!
Im unsokratischen Jahrhundert
Bist du für wenige Freund ein Muster." [2]

Wir sehen: Hagedorns heiteres Lebensprinzip wurde von
Klopstock, dem Bannerträger der deutschen Zukunft, richtig
verstanden. Und nicht bloss von Klopstock! [3] Auch in anderen

---

[1] S. *Muncker* und *Pawel*, Klopstocks Oden. Stuttgart 1889, Bd. I,
p. 94.

[2] Ebenda, Bd. I, p. 29.

[3] *Uz* charakterisiert Hagedorn folgendermassen:
„Mit ihm (Hallern) schwingt am entfernten Belt
Ein angenehmer Geist sein glänzendes Gefieder:
Nie fliegt er bis zum Pöbel nieder.
Er unterrichtet, er gefällt
Dem Weisen, wie der grossen Welt,
Im feinen Scherz der schönsten Lieder,
Und im Johann, dem Seifensieder."
(Schmids Biograph. II, 397.)

Gerstenberg lässt in dem Chor abgeschiedener Geister Hagedorn er-
scheinen mit den Worten:
„Als ich ein Sterblicher war,
Bekränzt ich mit Rosen mein Haar,
Und menschliches, zartes Gefühl
Floss in mein Saitenspiel.
Was Menschen gefällt,
Sang ich, und entzückte die Welt.
Heil sei den frohen Stunden!
Der Schönheit ewge Harmonie
Hab ich schon damals empfunden,
Hiess Hagedorn, und ward ein Dichter durch sie."
(Schmids Biogr. II, 397.)

Andere Lobgedichte auf Hagedorn, bez. Urteile über ihn siehe bei
Eschenburg IV, p. 61 u. 62 (Bodmer), p. 165 ff. (Bar, Fuchs, Götz, Za-
chärai). Bei *Danzel* a. a. O. p. 120 (Kästner) p. 151 ff. (Joh. Elias
Schlegel, Philosoph Lamprecht).

2

Männern brachten die Gedanken Hagedorns herrliche Früchte. Abgesehen von seiner Bedeutung in anderen Beziehungen, hat auch seine heitere, jedoch in den Schranken der Sittlichkeit sich bewegende Lebensanschauung wesentlich dazu beigetragen, Geschmack und Bildung zu veredeln und so das deutsche Leben und Dichten zu verjüngen.

Das Ringen und Drängen nach Natürlichkeit, das sich eigentlich schon im Vorhergehenden offenbart, ist überhaupt einer der charakteristischen Züge, welche sich in Hagedorns Dichtungen finden. Der Forderung, das eigentliche Wesen der menschlichen Natur als Grundlage für wahre Bildung zu betrachten und nicht auf zufällige Äusserlichkeiten das Hauptgewicht zu legen, begegnet man bei ihm auf Schritt und Tritt. So stellt er mehrfach mit beissendem Spotte die eitlen Gecken, deren Hauptsorge sich um das neueste Modewesen dreht, an den Pranger. Schon als achtzehnjähriger Jüngling schrieb er hierüber im Hamburger Patrioten:[1] „..... Der junge Biondinello bringet den gantzen Tag und die halbe Nacht mit läppischen Bemühungen zu. Dieser wollüstige Müssiggänger fänget seine Morgenarbeit auf eine gantz besondere Art an. Er weidet die Augen in seinem Taschenspiegel, stärcket seinen von langem Schlaffe ermüdeten Leib mit einem Schälchen Chocolade, und untersuchet mit aller möglichen Klugheit den Gold-Drat seiner Strumpf-Zwickel, rücket darauf nochmals zu seinem gläsernen Schmeichler, übersiehet mit bedachtsamen Nachdenken das künstliche Gewebe seiner Haar-Locken, und bewundert die weibische Röthe seines Angesichtes ..... Seine Hände wissen so künstlich mit dem Hute auf dem Rücken zu spielen, dass niemand es ihm darin zuvor thun kann ..... Hingegen machet er sich ein Gewissen, seinen Adel mit Wissenschaften zu entehren.“ In der Erzählung von Aurelius und Beelzebub[2]) erscheint der Teufel „nach unserer Stutzer Art“:

„Ein schönes leeres Haubt, ein wohl gepudert Haar,
Wobei zugleich dem Kinnchen ohne Bart
Ein Flügelwerk von Band,[3]) anstatt des Schattens, war.

---

[1]) Nach *Schuster* a. a. O. p. 27, Anmerk.
[2]) II, 70.
[3]) Vgl. dazu *Zachariäs* „Renommist“ (Kürschner, Bd. 44, p. 290):
„Ein lumpichter Franzos,
Doch in der seltnen Kunst, das Haar zu kräuseln, gross“,
kleidet den Jenaer Renommisten nach der Leipziger Mode. U. a. heisst es da:
„Den weissen Hals umgab ein schwarzes seidnes Band,
Das sich bei seinem Kinne in eine Schleife wand“.

Er selbst, wie seine Pracht, war ohne Fehl und Tadel,
Und Haar und Kleid von gleichem Adel."[1])
Kennzeichnend für Hagedorns Gesinnung ist ferner der
Kupferstich vor dem Titelblatte der poetischen Werke. Er er-
scheint auf diesem Bilde ohne Perücke, in der natürlichen
Morgentracht. Der sich hier kundgebende Kampf gegen steife
Etikette, gegen alle Thorheiten der Mode war schon im sieb-
zehnten Jahrhundert geführt worden und gewann im acht-
zehnten immer mehr Boden. Man versteht diesen Drang nach
Einfalt und Natürlichkeit und entschuldigt es auch, dass er
mitunter etwas zu weit vorwärts strebt, wenn man sich die
Unnatur des verkünstelten, Geist und Herz beengenden Mode-
und Geckenwesens jener Zeit vergegenwärtigt. Von Frankreich
aus hatten die Thorheiten Platz gegriffen; in Frankreich sollte
auch das entgegengesetzte Prinzip in den Ideen Rousseaus seinen
Höhepunkt erreichen. In Deutschland hat es langer Zeit und
des verschiedenartigsten Einflusses bedurft, um jenem eitlen
Tande ein Ende zu machen und frisches, wahres Leben an
seine Stelle zu setzen.

Ebenso verhasst wie die Stutzer waren unserem Hagedorn
deren Geistesverwandte: die Schwätzer; schon die Nachahmung
des Schwätzers von Horaz zeugt dafür.[2]) Die lästige Gegenwart eines geschwätzigen Menschen konnte ihm jeden geistigen
Genuss vergällen,[3]) sie zerstörte in ihm jeden Trieb zum Dichten und vernichtete seine Freude an der Natur.[4]) Ein jeder,
dessen Bildung nicht bloss an der Oberfläche haftet, wird seinen
Abscheu vor den Schwätzern begreifen.

Hagedorn ist ein Feind aller nur oberflächlichen Bildung,
ein Feind jeder Regung, die nicht in den Tiefen der mensch-

[1]) S. auch II, 63:
„Ein schöner Herr, der Pflastertreter Krone,
Schon um fünf Uhr der Oper edle Zier,
Mit einem Wort: Ruffin, das Wunderthier,
Glaubt, dass in ihm die Weisheit sichtbar wohne.
Was macht ihn stolz? Der Thoren alles: Geld".
[2]) Und nicht ohne Grund singt *Klopstock* (Muncker und Pawel, Bd. I,
p. 26): „So schliefst du (Hagedorn) sicher vor den Schwätzern.
Nicht ohne Götter ein muthger Jüngling."
[3]) S. I, 28.
[4]) S. III, 119.
Vgl. auch III, 99:
„Du (Kuckuck) nennest immer deinen Namen;
Dein Ausruf handelt nur von dir.
In dieser Sorgfalt scheinst du mir
Beredten Männern nachzuahmen;
Gleichst du dem grossen Balbus nicht,
Der immer von sich selber spricht?"

lichen Seele ihre Wurzel hat. Bezeichnend ist namentlich auch
seine Erzählung von dem Affen und dem Delphin. Sie beginnt
mit den Worten:

> „Den Mutterwitz bringt jeder auf die Welt;
> Der Schulwitz wird durch Bücher uns gegeben;
> Der eitle Mensch, dem Schein und Wahn gefällt,
> Sucht überdiess dem dritten nachzustreben.
> Das ist der Witz, den man, galant zu leben,
> Auf Reisen sucht, nur in der Fremd erhält,
> Wo, ehe man den letztern ausgespüret,
> Manch Mutterkind die ersten oft verlieret." II, 39.

Von der Kunst „Galant zu leben", wie von „Galanten
Wissenschaften" war seit dem 17. Jahrhundert viel die Rede.
Es hängt das zusammen mit dem Einflusse, den die Nachbar-
länder allmählich auf das deutsche Volk gewonnen hatten; mit
dem nicht immer lobenswerten Eifer, den unsere Vorfahren in
der Nachahmung des Fremden auf den verschiedensten Gebieten an den Tag legten. Hagedorn besass eine feine gesell-
schaftliche Bildung, zu der sein Aufenthalt in der Fremde
nicht wenig beigetragen haben mochte; er war „Weltmann",
wie man heutzutage sagen würde. Doch spricht er andererseits auch den äusseren Formen, wenn sie nicht mit einer tie-
feren inneren Bildung innig verbunden sind, jeden Wert ab.
Die Sucht, galant zu leben, bezeichnet er als das Streben eines
eitlen Menschen, dem Schein und Wahn gefällt. Mit scharfem
Spotte hält er in dem Affen, der sich vornahm,

> „Zu Schiffe, von Athen
> Nach Lacedämon hin zu reisen,
> Den Schönen dort, die ihn noch nicht gesehn,
> Sein liebliches Gesicht zu weisen" —

den Stutzern und Schwätzern ihr Bild vor Augen.[1] Auch sie
lieben es, bemerkt Hagedorn ironisch,

> „Mit Vorwitz, Gold und Stolz sich auf den Weg zu machen.
> Man holt von Städten, Leuten, Sachen
> Zum wenigsten die Namen her.
> Ist dieses nicht genug? wer darf noch mehr verlangen?"

In die Heimat zurückgekehrt, gleichen diese Vertreter des
heutigen „Protzertums" dem „Ruhmredigen Hasen", der von
sich rühmt:

---

[1] Derselbe Spott zeigt sich in folgender Strophe aus dem „Leichen-Carmen":

> „Der Wohlerblasste ging auch, traun!
> Auf nicht zu lange Reisen;
> Theils, um die Freunde zu beschaun,
> Theils, um Sich ihr zu weisen.
> In Frankreich war Er ein Baron,
> In Holland Herr van Josten,
> Und zeigte Seines Vaters Sohn
> Im Süden, Westen, Osten". III, 114.

„In manchem fernen Lande
Verband ich Artigkeit mit gründlichem Verstande."
Freund Lampe,
Den zu früh der Dünkel aufgeblasen,
Hielt sich für einen hohen Geist.
Warum? Das Närrchen war gereist,
Und konnte freylich mehr als grasen."   II, 126.

Wer in der Fremde seine Bildung erweitern und vertiefen will, muss dazu bereits einen sicheren Grund gelegt haben. Wer „Schein und Wahn" für Wahrheit hält, wird auch durch Reisen sein Inneres nicht bereichern;[1]) ja er kommt dabei leicht in die Gefahr, den angeborenen „Mutterwitz" und den erworbenen „Schulwitz" zu verlieren.

Hagedorns Kampf wider Unnatur und Überkultur musste sich naturgemäss gegen die höheren Stände richten. Nur sie besassen ja die Mittel zum „Galanten Leben". Mit kühnem, doch wohlmeinendem Freimute deckt er die nach aussen hin glänzenden, inwendig aber verkommenen Zustände an den damaligen deutschen Höfen auf.[2]) Dem stellt er die Einfachheit und Unschuld der „Hütten" gegenüber. In der Erzählung „Die Einbildung und das Glück" sucht die menschliche Einbildung und Thorheit das Glück bei den Reichtümern dieser Welt, im sinnlichen Genusse, in äusseren Ehren, in Titeln und Orden, an Höfen und in Palästen. Enttäuscht zieht sie sich überall zurück. Sie kommt endlich in eine stille, fern von dem geräuschvollen Getriebe der grossen Welt gelegene Gegend, die der Zufriedenheit, einer „Holden Schönen" unterthan ist; und hier findet sie unerwartet, was sie vorher vergebens gesucht.

„O Glück der Niedrigen, der Schnitter und der Hirten,
Die sich in Flur und Wald, in Trifft und Thal bewirthen,
Wo Einfalt und Natur, die ihre Sitten lenkt,
Auch jeder rauhen Kost Geschmack und Segen schenkt". I, 23.

So ruft der Dichter entzückt. Und wen ergetzte nicht immer von neuem sein „Johann, der muntere Seifensieder"? Ein anmutiges Beispiel wahrer Zufriedenheit und Glückseligkeit, das zudem zeigt, wie man, auch ohne in die Einsamkeit zu fliehen, angesichts von weltlichem Prunke sich ein zufriedenes, heiteres

---

[1]) S. II, 120, „Der Guckguck und die Lerche":
    „Den Guckguck fragt die Lerche:
    Wie kömmt es, sage mir,
    Dass die gereisten Störche
    Nichts schlauer sind, als wir?
    Sie sollen uns beweisen,
    Erwiedert er und lacht,
    Dass nicht das viele Reisen
    Die Dummen klüger macht".
[2]) S. I, 36 ff. Vgl. *Biedermann*, „Deutschland im 18. Jahrhundert".

Gemüt bewahren kann! Und wie Horaz, „sein Freund, sein Lehrer, sein Begleiter", gar oft das stolze, üppige Rom verliess, um „bald an Mandelens Bach, bald im Sabiner Hayn" wahre Freude zu haben, so flüchtet Hagedorn vor dem Gewühle und Geräusche der Grossstadt Hamburg nach dem nahen Dorfe Harvstehude. Hier will er, fern von Falschheit, Schein und Trug, im frohen Bewusstsein des Wahren, Schönen und Guten, das Leben geniessen.[1]

Mit Hagedorn wenden sich alle anderen edleren Geister seiner Zeit von der aus der Fremde eingewanderten Überkultur ab. Die Gedanken Rousseaus waren namentlich deshalb in Deutschland so ausserordentlich fruchtbar, weil hier der Boden dafür schon lange vorher von Dichtern und Denkern gelockert und empfänglich gemacht worden war. An die Stelle überfeinerter, inwendig hohler Bildung will man neues, frisches Leben setzen, das gleichsam die Entwicklung der Menschheit wieder von vorn beginnen lässt. Darum richtet man den Blick von den Palästen hinweg auf die Hütten, auf die niederen Stände, besonders auf das idyllische Landleben, wohin das Gift der verbildeten Civilisation noch nicht gedrungen ist, wo daher die Menschen in ihrer ursprünglichen Reinheit erscheinen. Schon in den Schäfergedichten des 17. Jahrhunderts offenbart sich dieses Streben nach Einfalt und Natürlichkeit. Zu Hagedorns Zeit erquickt sich Haller an dem friedlichen, idyllischen Leben der Alpenbewohner. Und — um aus der späteren Zeit des 18. Jahrhunderts nur einen charakteristischen Zug hervorzuheben — Herder findet in den russischen Ostseeprovinzen, weil er dieselben von der Kultur des Westens noch nicht angekränkelt weiss, die geeignetste Pflanzstätte für seine pädagogischen Ideen.[2]

---

[1] S. I, 23:
„Die Gegend reizt mich noch, wo bei den hellen Bächen . . . ." etc.

[2] Es möge hier eine Bemerkung Hagedorns Platz finden, welche sich in die Abhandlung selbst nicht wohl einreihen lässt, da Hagedorn auf ihren Inhalt sonst an keiner Stelle weiter zu sprechen kommt. In einem Briefe vom 21. Dezember 1749 (Eschenburgs Ausg. V, p. 59) rät er seinem jungen Freunde Gottlieb Fuchs, der eben seine Studien beendet hat, vom Hofmeisterberufe ab. Denn, sagt er, „ein Lehrmeister hat ein saures Brod, und ist nur zu oft quasi ad bestias damnatus. Es giebt menschlichere Knaben im Mittelstande, als in höheren Ständen, und man höret zu früh auf zu lernen, wenn man zu früh lehren muss". Die Bemerkung ist namentlich deswegen interessant, weil auch sie zeigt, dass Hagedorn die Erziehung zum allgemeinen Menschentum, auf welche er so viel Wert legt, im Mittelstande eher für möglich hielt als in höheren Klassen. — Auf das Lehr- und Hofmeisteramt kommt unter Hagedorns Zeitgenossen namentlich Rabener oft zu sprechen. Auch die moralischen Wochenschriften wenden der Frage ihre Aufmerksamkeit zu (s. *Lehmann*

Hagedorns Gedanken von intellektueller Bildung stehen mit seiner Sittlichkeitslehre in innigster Verbindung. Die geistigen Fähigkeiten sollen entwickelt werden, da sie mit zum Kern des menschlichen Wesens gehören, ihre einseitige Ausbildung dagegen wird verworfen. Dieser Gedanke tritt in den mannigfachsten Wendungen bei Hagedorn hervor. Er versagt der Wissenschaft durchaus nicht die gebührende Anerkennung:
„Freund, wer erkennet nicht den Wehrt der Wissenschaft?
Unendlich ist ihr Ruhm, erspriesslich ihre Kraft“. I, 17.
Und einmal nennt er alle, „die sich nicht um Kunst und Witz bemühen“, den „groben Teil der Welt“.[1] Über die hohe Bedeutung gelehrter Studien, insbesondere für den Dichter, äussert er sich in dem Schreiben an einen Freund:[2] „Meiner Dichterey ist, wie ich mir schmeichle, nicht nachtheilig, dass ich, um weniger unwissend zu seyn, die besten Muster der Alten und Neuen mir täglich bekannter mache, obwohl ich dadurch weit mehr suche, gebessert, klüger, oder auch, zu Zeiten, aufgeräumter, als sinnreich und dichterisch zu werden. Bei den Büchern, die ich, in verschiedenen Absichten, gelesen, sind mir Gedanken eingefallen, die ich, jedoch zu selten, so wie einige Stellen, durch welche sie vielleicht veranlasset worden, mir aufgezeichnet, und, oft lange hernach, der Poesie gewidmet habe . . . . . Die feurigste Einbildungskraft läuft Gefahr auszuschweifen: der sicherste Geschmack wählt oft zu willkürlich: der schönste Witz ist nicht selten betrüglich, wo er nicht blosserdings gefallen, sondern auch unterrichten soll. Auch ein Poet muss oft eine Materie, die er nützlich zu erörtern suchet, völlig erlernen, sie ganz, und nicht nach einigen Stücken, einsehen . . . . Es gereichet auch zu seinem Wachstum und zu seiner Reife, dass er weiss, was vor ihm über die Lehren, die er entwirft, gedacht, und welche Bildung solchen Gedanken gegeben worden . . . . . Die berühmte Königinn Christina sagt in ihren Maximen: La lecture est une partie des devoirs d'un honnête-homme. Weit mehr gehört diese Verbindlichkeit zu den Pflichten eines Schriftstellers, der selbst will gelesen werden. Mir ist sie unvergesslich, so oft ich etwas schreibe, das ich dem Drucke bestimme.“ Seine Gedichte zeugen denn auch alle von einer gediegenen Gründlichkeit der Durcharbeitung.

---

a. a. O. p. 38 ff.). U. a. erschien in Leipzig eine eigens „Der Hofmeister“ betitelte Wochenschrift. Die Hofmeisterlitteratur spielt überhaupt das ganze 18. Jahrhundert hindurch eine beachtenswerte Rolle. Das Eigentümlichste hat wohl Lenz hierin geleistet mit seiner Komödie „Der Hofmeister oder Vorteile der Privaterziehung“.
[1] II, 153.
[2] S. XX fl.

Den tiefsten Gehalt seines Geistes verdankte Hagedorn der Lektüre alter und neuer klassischer Schriftsteller. Begeistert ruft er deshalb:

„O wie vergnügen mich, wo die kein Schwätzer störet,
Die Werke, deren Ruhm die Meister überlebt;
Die Alten, deren Geist die späte Nachwelt lehret;
Die Neuern, deren Witz den Alten nachgestrebt!
Dann will die Dichtkunst mich durch ihren Reiz ergetzen,
Der in die Seelen wirkt, und Herzen edler macht,
Den zu der Wahrheit Schmuck, in wunderschönen Sätzen,
Homer, Virgil, Horaz so glücklich angebracht.
Oft lehret mich Plutarch die Helden unterscheiden,
Oft lässt mich Theophrast der Laster Thorheit sehn,
Oft hilft mir Tacitus der Grossen Stolz entkleiden,
Das räthselhafte Herz der Menschen zu verstehn".   I, 28.[1])

Wie hoch er auch den Wert des Studiums der neueren Sprachen anschlägt, beweist ausser dem Lobe, das er französischen und englischen Dichtern spendet, namentlich einer seiner Briefe an Gottlieb Fuchs. Er rät diesem, der damals in Leipzig studierte, neben den Fakultätsstudien und „Gelehrten Sprachen" auch Englisch und Französisch zu treiben. Denn, so lautet es in dem Briefe, „die in diesen beiden Sprachen geschriebenen Bücher werden Ihrem guten Geschmack unentbehrlich fallen, so bald Sie solche verstehen und ohne Anstoss lesen. Man muss ein Europäer,[2]) und mehr als das, seyn, um

---

[1]) Vgl. hierzu 1) Hagedorns Gedichte in Weichmanns „Poesie der Niedersachsen", Bd. V, 316; 2) III, 61; 3) II, 152: „Hobbes".
[2]) Vgl. folgende Stelle aus Basedows Aufrufe: „Der Zweck der Erziehung muss sein, einen Europäer zu bilden ....."
Dass Hagedorn jedoch besonders die deutsche Sprache hochschätzte und deren Pflege forderte, möge man aus folgenden Anmerkungen ersehen: 1. In seinem Lobgedicht auf Brockes (vorgedruckt dem 3. Teile des „Irdischen Vergnügens in Gott", 3. Auflage 1736) heisst es u. a.:
„Erlernt der Teutschen Sprache Kraft,
Erlernt, wie weit sie sich erstrecket,
Und wisst, wie bündig sie entdecket
Der Cörper Form und Eigenschaft.
Darf man ob ihrer Armuth klagen,
Da sie uns solche Wunder lehrt,
Wovon das Kleinste vorzutragen
Ein Nachdruck seltner Art gehört?"
2. An Bodmer schreibt Hagedorn, 10. April 1747 (Eschenburg V, 94): „Ohne Zweifel werden Sie nicht ungern wahrnehmen, dass ich das Herz gehabt habe ...., das alte Wort Holdin wieder einzuführen. Es ist zu schön, um verloren zu geben. Der selige Brockes war auch ungemein für die Erhaltung solcher mit Unrecht abgehender Wörter, und wer sollte es nicht seyn? Unser Ekel für Wörter, die älter sind als unsere Ammen, ist eine der schlechtesten Nachahmungen der Franzosen".
3. Dem blinden Dichter Enderlein empfiehlt Hagedorn (Brief vom 4. Mai 1753; Eschenb. V, 80) das Vorlesen der Werke von Opitz, da sich bei diesem „der wahre Charakter eines unverfälschten Deutschen

nicht blos eine einheimische Vernunft und ein ingenium glebae
zu haben."[1]) Hier offenbart uns Hagedorn wieder einen wesentlichen Teil seines eigenen Innern. Durch eifriges Studium der
besten alten und neuen Schriftsteller, sowie durch unbefangenes
Beobachten einheimischer und ausländischer Zustände[2]) hatte
er sich einen geistigen Standpunkt errungen, von dem aus sein
Blick weit über den Gesichtskreis der grossen Masse seiner
deutschen Zeitgenossen hinausschweifte.
Aus alledem sieht man: Hagedorn schätzt intellektuelle
Bildung und Gelehrsamkeit. Auch war er selbst ein Gelehrter.
Aber freilich war seine Gelehrsamkeit eine ganz andere, als
die hergebrachte. Hören wir ihn selbst: „Sie (Hagedorns
Freund) wissen, dass ich, von Jugend auf, am Lesen ein grosses
Vergnügen gefunden habe, und dieses vermehrt sich bey mir
mit den Jahren. Allein ich habe nimmer ein Mnemon seyn,
noch, um auf das Polyhistorat Ansprüche zu machen, mich nur
gelehrter lesen wollen. Vielmehr habe ich es oft für eine nicht
geringe Glückseligkeit gehalten, dass es niemals mein Beruf
gewesen ist, noch seyn können, ein Gelehrter zu heissen,[3]) und
wie vieles mangelt mir, um diesem Namen, und dessen Folgen
gewachsen zu seyn? Dafür habe ich die beruhigende Erlaub-
nis, bei den Spaltungen und Fehden der Gelehrten nichts zu
entscheiden. Meine müssigen Stunden geniessen der erwünschten
Freyheit, mich in den Wissenschaften nur mit dem zu beschäf-
tigen, was mir schön, angenehm und betrachtungswürdig ist".[4])
Am allerwenigsten wollte Hagedorn mit seiner Gelehrsamkeit
prunken. Man hatte ihm vorgeworfen, er schreibe zu seinen Gedichten
deshalb so viele Anmerkungen, damit man daraus seine Gelehrsamkeit und Belesenheit ersehen könne. Darauf erwidert er:
„Sie (die ihm diesen Vorwurf machen) wissen aber nicht meine

und der männliche Nachdruck unserer Sprache lebhafter zeige" als bei
anderen Dichtern.
4. Hagedorn hatte auch eine richtige Ahnung von der Bedeutung
unserer mittelhochdeutschen Litteratur. Er schreibt im Vorber. zu III,
p. IV: „Man wird dieses noch zu unbekannte Theil unserer Sprache und
Dichtkunst (die Lieder des 13. Jahrhunderts), durch die rühmlichen Bemühungen gelehrter Männer, aus den Quellen selbst schöpfen lernen, die
gewiss von weit besserem Geschmacke und reicher sind, als man bisher
scheinet geglaubet zu haben."
[1]) S. den Brief vom 17. Sept. 1748. Eschenb. Bd. V, p. 55.
[2]) Auch einzelne Züge aus dem gewöhnlichen Leben entgingen seiner
Aufmerksamkeit nicht. Man findet in seinen Gedichten öfter eine Bezug-
nahme auf Hamburger Verhältnisse und örtliche Verkommnisse, sowie
Verständnis für das Tier- und Pflanzenleben.
[3]) Vgl. *Lessing:* „Ich bin nicht gelehrt, ich habe nicht die Absicht
gehabt, gelehrt zu werden (Grimms W. IV, I, 2, p. 2970).
[4]) Vor Teil I, p. XXI.

Gedanken von der Belesenheit eines Gelehrten, wenn ich diesen Vorzug nicht edleren Eigenschaften zugesellet finde".[1] Welche Eigenschaften aber sind es, die ihm die Gelehrsamkeit erst schätzenswert machen?

In dem epigrammatischen Gedichte „Witz und Tugend" wägt Hagedorn intellektuelle und moralische Bildung gegen einander ab:

„Wie schön ist nicht Homer, der Dichter aller Zeiten,.
Wie reizend, wie gelehrt, wie reich an Trefflichkelten!
Doch auch nur eine That rechtschaffner Menschenhuld,
Der wahren Mässigung, der Grossmuth, der Geduld,
Verschwiegne Tugenden, die wir mit Kenntniss üben,
Sind noch einmal so schön, als was Homer geschrieben". I, 83.

Man kann das überschwenglich nennen,[2] oder man fühlt sich wenigstens dadurch eigentümlich berührt, dass Hagedorn die Dichtung Homers einer tugendhaften That gegenüberstellt. Was er eigentlich meint, geht deutlicher aus folgendem hervor:

„Freund, sei mit mir bedacht, die Kenntniss zu vergrössern,
Die unsern Neigungen die beste Richtschnur giebt;
Sonst wirst du den Verstand, und nicht das Herz, verbessern,
Das oft den Witz verwirrt, und nur den Irrthum liebt.
Vermehren Kunst und Fleiss nicht unsrer Seele Würde,
Ach, so verführt uns leicht der Zug zur Wissenschaft.
Was nützt Belesenheit, was die Gedächtnissbürde,
Die Schreib- und Ruhmbegier aus tausend Büchern rafft?" I, 28.

Der Kampf zwischen Kopf und Herz, in welchen uns Hagedorn hier mittenhinein versetzt, hatte schon vorher die

---

[1] Vor Teil I, p. XX. — Über die eigentliche Bestimmung der Anmerkungen siehe die Abhandlung p. 5. — Die zahlreichen Anmerkungen zu den Hagedornschen Gedichten erinnern an den Dichterbegriff, der sich im 17. Jahrhundert in Deutschland ausgebildet hatte. Auch beweisen verschiedene Äusserungen unseres Dichters, dass er in dieser Beziehung mit dem Herkommen noch nicht völlig gebrochen hatte. Siehe 1) I, 61, wo „docti sumus" mit „Dichter" übersetzt ist (Grimms W. IV, I, 2, p. 2965); 2) I, 83, wo Hagedorn den Homer gelehrt nennt; 3) den Brief an Fuchs vom 16. Mai 1751 (Eschenb. V, 64); 4) die Satire „Der Gelehrte". Einmal schreibt Hagedorn, Witz, Verstand mache den Menschen zum Dichter; und doch schätzt er an anderen Orten natürliches Empfinden als die Triebfeder zu poetischen Erzeugnissen. Ein geschichtlich wohl erklärlicher Widerspruch! Auf der einen Seite das Dunkel der Überlieferung und auf der anderen die Morgenröte, welche das Erwachen eines neuen Dichterideals verkündet! Hagedorn steht zwar noch auf dem Übergange von der alten zur neuen Zeit, man kann aber mit Recht behaupten, dass er mit seinem Denken und Empfinden mehr dieser als jener angehört. Schmitt sagt von ihm in Hennebergers Jahrbuch f. d. L. I, 92: „Er ist wohl der erste Poet seit Opitzens Auftreten, der einen klaren Begriff des Unterschieds zwischen einem durchbildeten Dichter und einem Gelehrten hat. Er selbst will für einen Gelehrten nicht gehalten werden, während seine Vorgänger nichts mehr beleidigt haben würde, als ihnen diese Eigenschaft abzusprechen."

[2] Von Eigenbrodt a. a. O. als Übertreibung bezeichnet.

Geisteswelt bewegt[1]) und wurde im 18. Jahrhundert weiter-geführt, bis Verstandes- und Herzensbildung sich unter gegen-seitiger Anerkennung und Förderung die Hand zur Versöhnung reichten. Man war der kalten, toten Bücher- und Stuben-gelehrsamkeit müde und sehnte sich nach einem den Geist erfrischenden, belebenden Hauche; und dieser konnte allein von Herz und Gemüt ausgehen.

So fordert auch Hagedorn mannigfach, neben der Bedeu-tung des Verstandes nicht die Bedürfnisse und Fähigkeiten des Herzens zu vergessen. Er gedenkt anerkennend des Dichters, „den auch sein Herz erhebt";[2]) er wünscht Ärzten die „Kunst seines Freundes Carpfer und Königen das Herz dieses be-rümten Hamburger Arztes.[3])

Sind wir, nach dem Zweck des Schöpfers aller Wesen,
Nur, um gelehrt zu seyn, zum Daseyn auserlesen?
Hat nicht an deinem Fleiss und wirksamen Verstand
Dein eignes Haus ein Recht, noch mehr dein Vaterland?" I, 17.

Giebt es denn, meint Hagedorn hiermit, für euch Gelehrte nicht auch eine Familie, ein Vaterland? Ist euch Nächsten-liebe fremd? Wird durch euren Fleiss auch das allgemeine Wohl gefördert? Haben andere Stände nicht ebensoviel Recht zum Dasein wie ihr? Kurz: giebt es neben dem Kopfe nicht auch ein Herz in eurem Inneren? Der Kopf soll das Herz erleuchten, das Gemüt den Verstand erwärmen.

An einem Freunde hebt Hagedorn hervor, „dessen Ge-schmack sei nicht geringer als seine Gelehrsamkeit."[4]) Aus demselben Grunde bemerkt er, dass Horaz den Quintil „als

---

[1]) In *Speners* Schriften heisst es an einem Orte: „Der Kopf muss ins Herz gebracht werden." *A. H. Francke* bekennt von sich: „Meine theologiam fasste ich in den Kopf und nicht in das Herz und war viel-mehr eine tote Wissenschaft, denn eine lebendige Erkenntnis" (Aus Thrän-dorfs Kirchengeschichtlichem Lesebuch, Dresden 1888, p. 21). — Im übrigen sei verwiesen auf *Grimms* Wörterbuch (unter „Kopf"), dem der Verfasser manche Anregung verdankt.

[2]) S. I, 80.

[3]) S. I, 85. Vgl. weiter
1) I, 28. Hier ist der Dichtkunst gedacht, „die in die Seelen wirkt und Herzen edler macht."
2) Das Gedicht „Homer". S. vorl. Abhandlung p. 26.
3) I, 15:
„Ist nicht des Weisen Herz ein wahres Heiligthum,
Des höchsten Guten Bild, der Sitz von seinem Ruhm?"
4. I, 14:
„Nicht Erbrecht noch Geburt, das Herz macht gross und klein;
Ein Kaiser könnte Sklav, ein Sklave Kaiser sein."
Man vergleiche hierzu auch folgendes Wort aus dem Hamburger Patrioten, 39. Stück (Nach Lehmann a. a. O. p. 38): „Denke, dass man erst Mensch und Christ sein muss, ehe man ein Gelehrter heissen will."

[4]) I, 75, Anmerk.

einen Gelehrten von feinem Geschmacke preise".[1]) Der „Geschmack" sollte also der anmutige, liebenswürdige Begleiter gelehrten Wissens sein. Der Dichter versteht darunter einen empfänglichen Sinn für alles Gute und Schöne: eine Deutung, die sich allerdings in unserem Sprachgebrauche sehr abgeschwächt hat. Wie aus allen Zeugnissen über ihn hervorgeht, war die glückliche Verbindung von Geschmack und Gelehrsamkeit in seiner eignen Person verkörpert.[2])

Um einer einseitigen Verstandesbildung vorzubeugen, fordert Hagedorn, das Herz nicht zu vergessen; der blossen Gelehrsamkeit gegenüber betont er die Bedeutung des Geschmacks. Sein Bildungsziel findet jedoch noch in anderen Worten geeigneten Ausdruck:

„Der Geist, der denkt und will, verscherzt der Schätzbarkeit,
Geht seiner Kräfte Zug nicht auf Volkommenheit." I, 45.

Hier wird das Streben nach Vollkommenheit als der Grundzug wahrer Bildung bezeichnet. Nur ihr Besitz verleiht wirkliche Grösse und macht einen Menschen zur Zierde seiner Zeit.[3]) Das Wort bedeutet die harmonische Entwicklung aller seelischen Kräfte, die vollkommene Ausbildung des inneren Menschen. In dieser Fassung hat sein Inhalt später besonders das Denken Goethes und Schillers beschäftigt.

Auch die Begriffe Verstand und Vernunft sollten der trockenen Bücher- und Wortgelehrsamkeit entgegenarbeiten.

---

[1]) II, 58, Anmerk.

[2]) *Giseke* schrieb nach der Bekanntschaft mit Hagedorn eine Schrift „Über den Einfluss des Geschmacks auf das menschliche Leben", die jedenfalls auf die Anregung des beratenden Freundes zurückzuführen ist. (Nach Schmid, Biograph. II, 409). Giseke begrüsst darin Hagedorn folgendermassen:
„Du bist, so wie dein Vers, gefällig (wohlgefällig), lehrreich, frey,
Und deinem Freunde stets noch mehr als nur getreu."
U. a. gehören Montaignes Essais zu den Werken, die er „schön, angenehm und betrachtungswürdig findet." Denn sie bieten keine tote Buchgelehrsamkeit, sondern Geist und Leben; sie enthalten die von ihm geforderte einige Verbindung von Wahrheit und Schönheit, welche ebenso lehrreich als „gefällig" ist:
„Du (Montaigne) bist, zu aller Lust, in dem, was Du geschrieben,
Nachlässig schön, und lehrreich zweifelhaft,
Unwissend voller Wissenschaft:
Auch der dich meistert, muss dich lieben:
Und heisst wohl der mit Recht gelehrt,
Dem nicht dein Buch Geschmack und Kenntniss mehrt?" I, 123.
Der Versuch, Geschmack und Gelehrsamkeit miteinander in Einklang zu bringen, macht sich das ganze 18. Jahrhundert hindurch bemerkbar. S. Schiller: „Und diese Verhältnisse werden forterben, bis sich Gelehrsamkeit und Geschmack, Wahrheit und Schönheit als zwo versöhnte Geschwister umarmen" (Grimms W. IV . . ., 2959).

[3]) S. I, 40.

Die Vernunft ist bei Hagedorn der weitere Begriff. Derselbe bezieht sich auf den ganzen Menschen; er bethätigt sich im praktischen Leben und nähert sich so der Bedeutung, welche der Dichter dem Worte Weisheit giebt.[1]) Den Verstand bezeichnet Hagedorn einmal als „Eine Kraft der Seele, dadurch sie sich das Mögliche deutlich vorstellet."[2]) Der Begriff Verstand ist somit enger gedacht als der vorige, ihm verwandte; ihm wird das intellektuelle Gebiet zugewiesen.[3]) Als Hauptziel setzt Hagedorn dem Verstande selbständiges Denken, geistige Freiheit. Folgendes wird zeigen, dass er nicht nur, wie bereits dargelegt worden ist, in sittlicher, sondern auch in geistiger Beziehung auf innere Freiheit den höchsten Wert legt. Sehr deutlich leuchtet dies namentlich aus einem nach dem englischen Philosophen Hobbes benannten Gedichte hervor:

„Die meisten hüten nur die Sätze, die sie erben,
Wie einen todten Schatz, den niemand grösser macht.
Sie sammeln, was man meynt, und blättern Tag und Nacht,
Bis sie, sich unbekannt und unentwickelt, sterben.
Ihr unfruchtbarer Witz hat nichts hervorgebracht."

Hier macht Hagedorn nicht nur auf einen Krebsschaden seiner Zeit aufmerksam. Er bezeichnet damit einen wunden Punkt sowohl in der niederen als auch höheren Schul- und allgemeinen Bildung, der immer wieder zu Tage tritt; ein Übel, dessen Heilung stets eine der Hauptaufgaben der dazu berufenen Geister ist. Ansammeln und Erlernen von überlieferten Sätzen und Meinungen, vieles, aber geistloses Lesen ist von jeher das Kennzeichen toter, unfruchtbarer Bücher-, Stuben- und Schulgelehrsamkeit gewesen. Ihre Vertreter gelangen nicht zum eigentlichen Verständnis des lebendigen Geistes ihrer Lektüre; tieferes Erfassen derselben und infolgedessen auch selbständiges Denken und Empfinden bleibt ihnen fremd. Sie kommen nicht bis zum wirklichen Bewusstwerden ihres eigenen Seelenlebens, sterben „sich unbekannt und unentwickelt."

„So ist ein Hobbes nicht erfahren.
Er irrt zwar oft, doch hat er selbst gedacht.
Des stolzen Britten Lehrer waren
Homer, Virgil, Thucydides, Euclid.
Die las er stets mit Wahl und Unterschied.

---

[1]) Vgl. 1) I, 30: „Recht vernünftig leben"; 2) I, 31, wo die „Klugen Alten" bezeichnet werden als „Priester der Vernunft, wie wir das Glück erhalten".
[2]) Im Anschluss an Chr. Wolff. S. I, 32, Anmerk.
[3]) Vgl. 1) I, 28, ·wo Verstand und Herz einander gegenüber gestellt sind.
2) II, 15: „Dein (Liscows) Verstand durchdringt in edler Eile
Die Nebel grauer Vorurtheile,
Des schulgelehrten Pöbels Nacht."

> Er wäre, sagt' er oft, wohl nie geschickt gewesen,
> Die Dinge tiefer einzusehn,
> Die Schulgelehrte halb verstehn,
> Hätt er so viel, wie sie, gelesen." II, 152.

Der „Stolze Britte" verdankte seine Erziehung wenigen,
aber klassischen Autoren. Er hat nicht zu vieles Vielerlei,
dafür aber wahrhaft Bildendes mit Verstand gelesen und ist
so ein Vorbild für alle Denker und Erzieher. Denn

> „Was nützt Belesenheit, was die Gedächtnissbürde,
> Die Schreib- und Ruhmbegier aus tausend Büchern rafft?" I, 28.[1]

Multum, non multa! Ein Übermass von Stoff erstickt
den Geist; weise Auswahl und verständige Durcharbeitung
wecken und nähren ihn.

Die Kunst des freien Selbstdenkens rühmt Hagedorn auch
an C. L. Liscow:

> „Der Freyheit unverfälschte Triebe
> Erhöhn den Werth der Warheitliebe,
> Die deine Seele stark gemacht.
> Dein glücklicher Verstand durchdringt in edler Eile
> Den Nebel grauer Vorurtheile,
> Des schulgelehrten Pöbels Nacht.
> Was Haller und die Wahrheit preisen,
> Mein Freund! das wagst du zu beweisen:
> „Wer frei darf denken, denket wohl!" II, 15.

Die Wahrheit trägt die Bedingungen ihrer Gültigkeit in
sich selbst. Sie ist unabhängig von äusseren, subjektiven Anschauungen und verlangt darum auch von ihren Vertretern ein
objektives Urteil. Physische, moralische und geistige Freiheit
müssen, sich gegenseitig fördernd, einander die Hand reichen,
wenn der innere Mensch sich zu seiner wahren Gestalt ent-
wickeln soll. Und nur wer sich diese innere Freiheit erkämpft
hat, ist ein echter Diener der Wahrheit; denn Freiheit und
Wahrheit sind dann völlig eins. Nur er ist fähig, „den Nebel
grauer Vorurteile" mit seinem scharfen Geistesauge zu durchdringen. „Wer frey darf denken, denket wohl."[2]

Die Erziehung zu innerer Freiheit und Wahrheit ist nur
dann möglich, wenn die seelischen Kräfte frei aus sich selbst

---

[1] Vgl. I, 102, wo Hagedorn in Bezug auf die inhalts- und ordnungs-
lose Tageslitteratur bemerkt:
„Ist diess nicht stets erlaubt gewesen?
Er (Phanias) schreibt ja, wie die meisten lesen."
Auch im Vorbericht zu Teil I, p. VIII u. IX, Anmerk., geisselt er
die, „welche mit dem ersten, flüchtigen Anblick der äusseren Gestalt einer
Sache bald und herzlich zufrieden sind, und, um nach dem Maasse ihrer
Kräfte davon frey zu urtheilen, nichts als die Mode der letztenn Wochen
befragen."
[2] Von Canitz, der mit Hagedorns Vater befreundet war, wird diese
Freiheit sogar als übermenschliche Eigenschaft dargestellt, als Eigenschaft
derer, „die etwas mehr als Menschen seien". S. Grimms W. IV, 3418.

heraus sich entfalten. Jede künstliche und überhastende Einwir-
kung von aussen drückt der Seele fremdes Gepräge auf, entzieht
ihr so einen Teil der eigenen „Majestät" und hindert die freie
natürliche Selbstentwicklung. Dieses ideale, in seiner prakt-
tischen Verwirklichung grosse Schwierigkeiten verursachende
pädagogische Prinzip spricht Hagedorn am Schlusse der Erzählung von „Wallraff und Traugott" aus, indem er dabei die
geistige Entwicklung des Menschen mit dem Pflanzenleben
vergleicht:

> „Diesen Bäumen gleicht der Witz; sucht ihn nicht zu übertreiben;
> Ehrt die wirkende Natur; lasst das Künsteln ferne bleiben.
> Soll die Seele sich entwickeln und in rechter Grösse blühn,
> O so muss kein klügelnd Meistern ihr die Majestät entziehn!" II, 15.

Innere Freiheit ist die oberste und, richtig verstanden,
einzige Bedingung des wahren Menschentums. Sie birgt in
sich jenes echte Glück, das, von äusseren Zufällen unberührt,
allein im inneren Menschen selbst begründet ist.

> „Der ist beglückt, der seyn darf, was er ist,"

nämlich, denkt Hagedorn sich stillschweigend hinzu: ein Mensch!
Eine Persönlichkeit, in der, unabhängig von irgend einer äusseren
Lebenslage immer die Hoheit der menschlichen Natur, ihre
„Majestät" hervorleuchtet! Dass Hagedorn aber das Haupt-
kennzeichen eines solchen beglückten Menschen in der inneren
Freiheit und Selbständigkeit findet, lehrt die Fortsetzung des
obigen Citates:

> „Der ist beglückt, der seyn darf, was er ist,[1])
> Der Bahn und Ziel nach eignen Augen misst,
> Nie sklavisch folgt, oft selbst die Wege weiset,
> Ununtersucht nichts tadelt und nichts preiset." I, 80.

Welch hohe Bedeutung Hagedorn der geistigen Selbständigkeit zuweist, geht namentlich auch aus seinen Ansichten von
Dichtung und litterarischer Kritik hervor. Darauf kann und
soll jedoch an dieser Stelle nur kurz eingegangen werden. Das
Streben nach Selbständigkeit, nach „Originalität", hatte sich
schon früher in der deutschen Dichtung geltend gemacht.[2])
Auch Hagedorn kämpft gegen die frostigen, kraftlosen Nachahmungen, gegen die Dichter mit dem „bleyernen Verstande."[3])

---

[1]) Im Anschluss an ein Wort von *Boileau;* „Rarement un Esprit
ose être ce qu'il est."
[2]) S. folgendes Wort aus dem 17. Jahrhundert, von Paullini:
„Der endlich aus sich selbst was vorzubringen waget,
Das kein Mensch hat gedacht, kein Mensch zuvor gesaget".
Nach Grimms W. IV, I, 2, p. 2965.
[3]) III, 106 äussert er schalkhaft:
„Der stille Franzmann übersetzt,
Wir muntern Deutschen, wir erfinden."
III, 50: „Und weil hier (in Mezendore) Frost und Nüchternheit
Nur gar zu oft den Dichtern dräut" u. s. w.

Er gedenkt rühmend des Dichters und Kritikers Wernicke, da bei diesem sich an Stelle der früheren „Wortspielereien" wahrer Geist und scharfer Verstand zeige.[1]) Wie eine Nachahmung[2]) beschaffen sein soll, deutet er in folgendem an: „Die schönste Übereinstimmung zwischen zweenen Dichtern beruhet so wenig auf Worten, als die edelste Freundschaft. Geist und Herz sind in den besten Alten und Neuern die lebendigen, oder vielmehr die einzigen Quellen des glücklichen Ausdrucks gewesen. Er leidet zum öftern unter dem Joche einer blinden Folge und kümmerlichen Knechtschaft. Man sollte nachahmen, wie Boileau und La-Fontaine nachgeahmt haben. Jener pflegte davon zu sagen: „Cela ne s'appelle pas imiter; c'est joûter contre son original".[3]) Sklavisches, an die Worte gebundenes

---

I, 112: „Hoffmann von Hoffmannswaldau".
I, 87: „An einen Arcadier".
[1]) S. I, 85.
[2]) Hagedorn war ja selbst in der Hauptsache Nachahmer. Und er verteidigt verschiedenfach die Berechtigung des Nachahmens. So heisst es im „Schreiben an einen Freund" (Vor I, p. XVIII): „Es fällt mir hierbey ein, was dieser (Pope), in der Vorrede zu seinen Werken anmerkt: es könnten diejenigen, welche sagen dürfen, dass unsere Gedanken nicht eigenthümlich unser sind, weil sie mit den Gedanken der Alten eine Aehnlichkeit haben, eben so gut behaupten, dass auch unsere Gesichter eigentlich uns nicht zugehören, weil sie den Gesichtern unserer Väter gleich sehen". An demselben Orte, p. XIX:
„Wer nimmer sagen will, was man zuvor gesagt,
Der wagt, dies ist sein Loos, was niemand nach ihm wagt".
(Nach Popes Wort „It is generally the fate of such people, who will never say what was said before, to say what will never be said after them"). Vgl. das oben p. 31, Anmerkung 2, citierte Wort Paullinis.
Vergl. auch den Schluss der Erzählung von der Henne und dem Smaragd: II, 44.
[3]) Vorbericht zu den moralischen Gedichten, p. VII.
Anmerk.: Ebenso verlangt Hagedorn mit Fug und Recht ein Sicheinleben in den Geist der zu prüfenden Verhältnisse. Siehe namentlich den Vorbericht zu III, p. XVII, sowie I, 113, Anmerkung. Die Kritik fordert Männer von Geist und selbständigem Urteil. S. I, 123:
„Montagne, Günstling der Natur,
Es sollte dich nur der, den Witz und Freyheit adeln,
Weil er dir rühmlich gleicht, erheben oder tadeln."
Für die aber, denen um ihrer geistigen Unmündigkeit willen jede Fähigkeit zum Urteilen fehlt, hat der Dichter nur Worte humoristischen Spottes bereit:
„Sie üben bloss die Kunst des Mitbejahens,
Und lachen, wenn ein andrer lacht" (I, 105). Von ihnen
„Horcht ein jeder im Schatten grösserer Männer,
Und wiederholt, was man ihm vorgesagt.
Da richten sie nach Stimmen, nicht nach Gründen......
Man glaubt Orakel anzuhören,
Und hört nur einen Wiederhall." II, 58, 59.

Nachahmen raubt dem Vorbilde die Frische, das Leben und setzt an seine Stelle ein totes Machwerk: „Was grün ist, das verdorrt". I, 124.

Versteht es jedoch der Nachahmer, in den Geist seines Vorbildes einzudringen; vermag er auch seinem eigenen Erzeugnis Leben einzuhauchen: dann steht die Nachahmung einerseits im besten Einklange mit ihrem Muster, und andererseits ist sie das Ergebnis eines wetteifernden Kampfes, ist sie selbst ein „Original".[1])

Die Hauptschuld an der unberechtigten Herrschaft des Wissens ohne selbständiges Urteil, ohne Vernunft und Verstand, trugen die „Schulgelehrten".[2]) In ihnen findet Hagedorn die eigentlichen Vertreter und Vertheidiger der Gelehrsamkeit ohne Geist und Geschmack, ohne des Herzens belebenden Hauch. Wie soll eine Besserung eintreten, betont er öfters, wenn die Lehrer, namentlich die Ausleger des klassischen Altertums, es nicht verstehen, in das Innere klassischer Schriftwerke einzudringen? Wenn sie an Kleinigkeiten hängen und dabei die Schönheiten, den erfrischenden Geist des Ganzen zerstören? „Einem heutigen noch ungdruckten Scholiasten" ruft er zu:

„Ovidius erfährts: du bist an Glossen reich;
Allein, du wirst dem Text nur neue Wunden schlagen.
Die blindlings, so wie du, sich ans Verbessern wagen,
Sind Pamphus, dem Cyclopen, gleich.
Er wollt' ein Bienchen jüngst von Chloens Wangen jagen,
Und gab ihr einen Backenstreich." I, 113.

Doch erwähnt Hagedorn anerkennend Reimarus, Ernesti, Corte, Schwarz und Wolf, seinen Lehrer in Hamburg.[3]) Gegen diese ehrenwerten Lehrer des klassischen Altertums, wie gegen alle Männer, „die mit rühmlicher Sorgfalt die Richtigkeit des Textes, den sie auslegen, möglichst bestimmen", richtet sich seine Satire nicht. Er spricht vielmehr „von denen fast fruchtlosen Arbeitern, wovon selbst J. C. Scaliger gesagt hat: Grammatico nihil infelicius: von alten und neuen Scribleris, die leichte Stellen weitläuftig erklären, die Geheimnisse der schweren hingegen unerrathen lassen, ohne Noth an gewissen Worten oder ihren Fügungen kleben, und durch allerhand Glossen witzigern Lesern vorarbeiten. So sammeln sie endlich einen Vorrath, aus welchem nur diese Leser nicht blosserdings etwas aus der gelehrten Sprache des Jahrhunderts, in welchem ihr

---

[1]) Im Schreiben a. e. Fr., p. XIX. bezeichnet H. die „Nachahmungen Popes aus dem Horaz" als „meisterhafte, freye Originale".
[2]) S. III, 49: „Mezendore":
   „Die sich dem Lehramt weihen,
   Sind trockne Papageien."
[3]) S. I, 39, Anmerk.

Autor geschrieben hat, sich schülerhaft bekannt machen, sondern, in edleren Absichten, dessen Charakter und Verhältnisse,
die ihm eigene Sprache, den Ton, die Richtschnur seiner Gedanken und Gesinnungen, mit einem Worte, seine Welt kennen
lernen: ein Vergnügen, das ein Wortgelehrter weder suchet
noch findet. Man wird also begreifen, dass ich die Manufactur
dieser Scribenten nicht gänzlich verwerfe. Auch ihnen ge-
stattet ein gewisses Verhängniss, dass sie ohne Geschmack und
Geist, und ohne mit der besten Alten schönsten Art zu denken
in die geringste Verwandtschaft zu gerathen, mühselige, aber
nicht immer überflüssige, Dienste leisten."[1]

Gegen die „Wortgelehrten", zu deren vorstehender Cha-
rakteristik sich keine nähere Erläuterung nötig macht, richtet
sich das epigrammatische Gedicht „Auf gewisse Ausleger der
Alten":

„Beklagt des Grüblers trocknen Fleiss,
Der in der Alten besten Werken
Nur eine Les-Art zu bemerken,
Nur Wörter auszusichten weiss.
Ihr Geist, Geschmack und Unterricht[2]
Befruchtet seine Seele nicht,
Sie mag sich noch so weise dünken:
Und, nützt der klügern Welt sein Buch,
So gleicht er denen, die, zum Fluch
Den Wein zwar keltern, doch nicht trinken."[3] I, 92, 93.

Ohne Geist, ohne Geschmack, bleibt den Wortgelehrten
verschlossen, was Hagedorns Persönlichkeit charakterisiert,
nämlich:

„Mit Horaz erlernen,
Wie Geist und Kunst wohl zu verbinden stehn!"

„Grübeln"[4] ist ihre trostlose Beschäftigung. Diesem „Grü-

---

[1] I, 93, Anmerk.
[2] „Geist" entspricht hier der heutigen Bedeutung des Wortes, wenn
es auf gleichem Gebiete gebraucht wird; „Geschmack" bezeichnet mehr
das ästhetische Element und „Unterricht" besonders das Wissen: doch
so, dass alle drei Begriffe sich gegenseitig durchdringen.
[3] Vgl. *Schiller*, „Der gelehrte Arbeiter" (Goedekes Ausg., Bd. 11,
p. 168. Grimms W. IV, I, 2, p. 2959):
„Nimmer labt ihn des Baumes Frucht, den er mühsam erziehet,
Nur der Geschmack geniesst, was die Gelehrsamkeit pflanzt."
[4] Auch im 17. Jahrhundert findet sich dieser Ausdruck als Bezeich-
nung für spitzfindige, nutzlose Wortgelehrsamkeit. Moscherosch berichtet
in einem Gesichten von einem Höllengeiste: „Es wäre derselbig ein Vor-
trefflich Hochberühmter Philologus gewesen | der Jahr und Tag über einen
Buchstaben grüblen und spintisiren können | ohne nutzen einiges Mänschen"
(Philanders Gesichte, Ausg. 1650, Bd. I, p. 457). — Und der scho-
lastischen Philosophie das werkthätige Handeln gegenüberstellend, mahnt
Moscherosch seine Söhne: „Begebet euch nicht auf das spizsinnige un-
nötige grüblen und Scholastisiren der heutigen Jugend. . . . . . Es ist

beln gegenüber stellt Hagedorn das Empfinden[1]) als die wahren
Genuss verschaffende seelische Thätigkeit:

„Kein Genuss ergrübelt sich;
Ich weiss genug, indem ich mich
Im Empfinden übe." III, 88.

Dabei ist an den geistigen Genuss zu denken, welcher der
trocknen Schulkrämerei Leben einhauchen soll.
In einem „Leichen-Carmen"[2]) entwirft Hagedorn das Bild
einer Erziehung, wie er es bei den wohlhabenden Hamburger
Kauf- und Handelsherren oft genug beobachtet haben mochte.
Es enthält ausser bereits im Vorhergehenden bekannt gewor-
denen Gedanken verschiedene Züge, die uns des Dichters pädagogischen Scharfblick verraten. Darum mag das Wesentlichste
hieraus Platz finden.

„Nur sieben Jahre war Er (Herr Jost) alt,
Da wusst er fast zu lesen;
Und hieraus sieht ein jeder bald,
Wie klug das Kind gewesen.

Man hielte Seiner Jugend zart
Wohl zehn Informatores;
Die lehrten ihn, nach mancher Art,
Die Sprachen und die Mores.

Es lernte Jost ohn Unterlass,
Dass ihm der Kopf fast rauchte:
Kein Mutterkind studirte bas,
Was es zu wissen brauchte.

Er glich dem edlen Gartenklee,
Der zeitig aufwärts steiget,
Und nicht der trägen Aloe,
Die späte Blüthen zeiget.

Er kannte wirklich weit und breit
Geheime Staatsintrigues,
Und wusste ganz genau die Zeit
Des dreyssigjährgen Krieges.

Herr Jost bewies, als Knabe schon,
Bey vier Zusammenkünften,
Der Sechste Carl sey nicht der Sohn
Von Kaiser Carl dem Fünften."

---

solch Ding eine Neue Ketzerei ! und wird in die harr nicht gut thun.
.... Werck her! Thaten her! Tugend her! Mit Geschwätz | mit Buch-
stabenstreit | mit Worten lass ich mich nicht abspeisen: Solche Trachten
sättigen nicht | sie machen den Magen nur voll blosser Dünste | die
den Mänschen aufblasen | und keine Nahrung geben (Insomnis Cura
Parentum von 1678, p. 61 u. 62).
[1]) Empfinden ist ein von Hagedorn oft und immer bedeutungsvoll
gebrauchtes Wort. Darum auch bei Klopstock:
„Und wir Jünglinge sangen
Und empfanden wie Hagedorn."
[2]) III, 112—115.

In hastiger Schnelligkeit füllte Herr Jost sein Hirn mit
vielem Wissen an, so dass ihm der Kopf fast rauchte. Sein
Herz aber blieb kalt. Und daher nimmt es uns nicht wunder,
wenn er auf Veranlassung seiner Eltern sofort sich dem Kauf-
mannsstand widmet; wenn er dann, nur nach Geld und Gut
trachtend, die Gelehrten und alle „Lateinschen alten Sprüche",
die ihm ja nicht zu Herzen gegangen waren, vergisst:

> „Sie (die Eltern) sagten: Sohn! Seyd unser Trost!
> Vermehrt, was wir erworben!
> Dann seyd Ihr nicht der erste Jost,
> Der reich und stolz verstorben.
>
> Sogleich verging Ihm aller Dunst
> Lateinscher alten Sprüche.
> Er fasste durch die Rechenkunst
> Die allerschwersten Brüche.
>
> Das Werk der Handlung wohlgemuth
> Ward nun von Ihm begriffen.
> Ihm träumte nur von Geld und Gut,
> Von Frachten und von Schiffen.
>
> Gelehrte sucht er weiter nicht,
> Als etwa bey Processen;
> Sonst macht' Er ihnen ein Gesicht,
> Als wollt Er alle fressen."

Es war bereits im 17. Jahrhundert heftig gegen die trockene
Bücher- und Wortgelehrsamkeit in den Schulen gekämpft worden.[1] Im 18. Jahrhundert wurde der Kampf fortgesetzt.[2] Und
Hagedorn wendet seinen ganzen Spott auf, um die Macht des
„Schulgelehrten Pöbels" zu brechen. Schulgelehrter Pöbel! Die,
welche selbst so gern von oben auf die ungelehrten Laien
herabblickten, mussten es sich gefallen lassen, von Männern,
welche gar nicht gelehrt sein wollten, mit derselben Verachtung
behandelt zu werden. Hagedorn war jedoch selbst ein tüch-
tiger Gelehrter, dazu frei von den üblen Eigenschaften, die
dem einseitig gefassten Begriffe Gelehrsamkeit sonst noch an-
hafteten. Umsomehr musste er berechtigt sein, die blosse Gelehrsamkeit dem Spotte preiszugeben. Er hat zu diesem Zwecke
eine besondere Satire gedichtet, überschrieben: „Der Gelehrte".[3]
Schmid sagt darüber in seinen Biographien[4]: „Im Jahre 1740
erschien die meisterhafte Ironie auf alle Pedantereyen unsrer

---

[1] Namentlich von Seiten Schuppe und Moscheroschs. Beide, besonders der erstere, haben für die schulgelehrten Magister den schönen
Namen „Dintenfresser und Blacksch . . . . ."

[2] Einen wesentlichen, noch nicht genug hervorgehobenen Anteil
nahmen die moralischen Wochenschriften. S. *Lehmann* a. a. O.

[3] I, 56—60.

[4] Biogr. II, p. 381.

Zunft: Der Gelehrte. Die Satire ist treffend und stark, und
der Spott fein. Ich glaube eben nicht, dass dieses geistreiche
Gedicht durch besondere Umstände veranlasst worden, wie
einige behaupten wollen. Zu jeder Zeile kann man Beispiele
aus den heutigen Tagen hinzu schreiben.“ Der Inhalt des Ge-
dichtes ist kurz folgender. Der Gelehrte verschmäht und flieht
die Freudenfeste; er trägt kein Verlangen, mit im Rate der
Fürsten zu sitzen; ihn reizt es auch nicht, seinen Mut in „feuer-
vollen Schlachten“ zu bewähren.

„Was Ihn bemüht, verherrlicht und ergetzt,
Sind weder Pracht, noch Kriegs- und Staatsgeschäfte:
Es ist ein Buch, das Er selbst aufgesetzt.
Es ist ein Schatz von Ihm beschriebner Häfte,
Ein Kupferstich, der Ihn, mit Recht, entzückt,
In dem er Sich, mit Ruhm verbrämt, erblickt.

Es ist sein Krieg ein schwerer Federkrieg,
In dem durch Ihn Beweise stehn und fallen;
Und er betritt, auf den erhaltnen Sieg,
Den Helden gleich, des Ehrentempels Hallen. . . . .“

Steht der „Schriftverfasser“ auch anfangs im Hintergrunde
der litterarischen Welt: nur unverzagt!

„Es hilft die Gunst ihm weiter. . . . .
Und wer zuerst um Nachsicht bitten muss,
Gebeut zuletzt, und ist ein Pansophus.“

„Des Beyfalls Kraft“ begeistert seinen Verstand, das Lob
in Zeitungen und Monatsschriften macht ihn berühmt.

„Die Ungeduld der Fremden, Ihn zu schaun,
Spornt ihren Fuss auf den gelehrten Reisen.
Sie müssen sich aus Seinem Mund erbaun,
Und ihm, Ihm selbst, sich und ihr Stammbuch weisen.
Vergleichen Ihn mit Seinem Kupferstich,
Sohn, wie Er lacht, freun, und empfehlen sich . . . .
Ja! Dreyfach gross und furchtbar ist der Mann,
Der muthig schreibt, bis Neid und Gegner schwinden.
Der Wahrheit Reich macht Er sich unterthan.
Er herrscht allein, mit sieggewohnten Schätzen . . . . . .
Umsonst erregt ein Aeol Sturm und Flut:
Neptun erscheint, und das Gewässer ruht.“

„Der Gelehrte“ ist so ein treffendes und geistvolles Spott-
gedicht auf die damaligen litterarischen Zustände;¹) eine Satire,
die keines weiteren Kommentars bedarf.

¹) Vgl. auch I, 16 ff. — Die Richtschnur für sein eignes Dichten
hat Hagedorn bereits in früher Jugend angegeben. Siehe seinen Brief
an Weichmann, Jena, 25. Okt. 1726 (Eschenburg V, p. 8). Er ist er-
haben über litterarische Zänkereien, namentlich über persönliches Splitter-
richten. Man vergleiche dazu I, 95; den Brief an Weichmann vom
23. Sept. 1727 (Eschenb. V, 13); Weichmanns Poesie d. N. Bd. V, p. 315.
Selbst in dem Kampfe zwischen den Schweizern und Sachsen, der doch

Mit derselben spöttischen Derbheit wendet sich Hagedorn gegen die Auswüchse einzelner Wissenschaften. Christ. Wolff, dessen philosophisches System damals fast die ganze deutsche Geisteswelt beherrschte, wird auch von ihm hochgeschätzt. Im übrigen aber ist unser Dichter durchaus kein Freund von der Arbeit der „Lichtbedürftgen Künste". Dies beweist, abgesehen von einer Parodie auf das Cartesianische „Cogito, ergo sum", die wohl kaum in wirklich ernster Absicht geschrieben ist, folgende Strophe aus dem Rundgesange, der die Vorzüge der Thorheit besingt:

> „Ein Leitstern lichtbedürftger Künste,
> Ein junger Metaphysicus,
> Webt ein durchsichtiges Gespinnste
> Und stellt und heftet Schluss an Schluss.
> So glaubt er Dir, o Wolf, zu gleichen,
> Und hat dennoch, Du grosser Mann!
> Von Dir nur die Verbindungszeichen,
> Und sonst nichts, was Dir gleichen kann." III. 52.

Erbittert ist Hagedorn über die Rechthaberei des „Doctor Logus", der keine andere Weisheit als die seinige zu schätzen versteht und nicht eher sich befriedigt fühlt, als bis er die Gegner mit seinen Soriten aus dem Felde geschlagen hat. Ihm gilt die Lehre:

> „Man muss, und dieses nur weiss Doctor Logus nicht,
> Nicht immer klüger sein, als der, womit man spricht." I, 99.

Auch bei der Beschreibung des Staates Mezendore vergisst Hagedorn nicht, die Magister um ihres eitlen Stolzes und um ihrer kleinlichen Zanksucht willen zu geisseln. „Die Grammatici" sind hier die Zielscheiben seines Spottes:

> „Allhier sind die Grammatici
> Streitbare Ziegenböcke;
> Die dünken sich kein schlechtes Vieh,
> Das zeigt ihr stolz Geblöcke;
> Ihr hocherfahrner langer Bart
> Hegt auch kein Haar gemeiner Art
> Und ihre Hörner siegen
> In scharfen Wörterkriegen." III, 50. 51.

Selbst der Wein, der die Gemüter anderer erfreut und zur Eintracht stimmt, verstärkt in Schulgelehrten und Magistern nur die Zanksucht:

> „Der Wein, der aller Herz erfreut,
> Giebt den Magistern, die dort zechen,
> Statt Eintracht und Gefälligkeit,
> Allein die Lust zu widersprechen.

so viele Streitmächte in Bewegung gesetzt hat, bewahrte sich Hagedorn selbständige Neutralität. Seine Meinung darüber findet sich in dem Briefe an Weichmann vom 8. Sept. 1741 (Eschenburg V, 17).

Wie glücklich sehen sie beim Wein
Die Fugen der Soriten ein!
Der Wein muss nie der Wahrheit schaden.
Der Rausch beleuchtet itzt durch sie
Die vorbestimmte Harmonie,
Die beste Welt und die Monaden." III, 126.

Und wehe dem, der das Ansehen der „Schnarcher voller
Schulgeschwätze" oder die Richtigkeit ihrer „Systemata" zu be-
zweifeln wagt! Denn

„Dies Geschlecht ist fürchterlich". III, 52.

Die geeignetste Waffe in diesem Kampfe, nämlich die Kunst,
den Leuten lachend die Wahrheit zu sagen, hat anser Dichter
trefflich verstanden und oft ausgeübt. Die „Finstern Splitterrichter", die „Zunft der Heuchler", die Schulgelehrten, welche
in eitler Selbstüberhebung die Welt durch ihr thörichtes Ge-
schwätz bekehren wollen: sie alle sind für ihn nur ein Gegen-
stand des Bedauerns und des Spottes:

„Du erheiterst, holde Freude!
Die Vernunft.
Flieh, auf ewig, die Gesichter
Aller finstern Splitterrichter
Und die ganze Heuchlerzunft". III, 42.

„Ihr unberufnen Weltbekehrer!
Entfernt euch, wo die Freude siegt.
Seyd, euch zur Lust, beredte Lehrer:
Nur schweiget, wo dies Glas erklingt.
Thut ihr das oft und ohne Zanken;
So mindert sich der Thoren Zahl,
Und wir besingen, euch zu danken,
Der Thorheit Lob nur noch einmal". III, 52.

Wenden wir den Blick von der engbegrenzten Schulgelehrsamkeit wieder hinweg auf das Bildungsziel, welches
Hagedorn als der Menschheit höchste Bestimmung bezeichnet,
und in dessen Dienst er auch die Schulerziehung stellt! Dieses
Bildungsideal besteht in dem Begriffe Weisheit. Derselbe ist
deshalb auch geeignet, hier, am Schlusse unserer Darstellung,
des Dichters Anschauungen von Erziehung und Bildung kurz
zusammenzufassen.

„In diesem Vorzug (dem der Weisheit) liegt, was man nie genug verehrt,
Der Seele Majestät, der Menschen echter Wehrt." I, 16.

Dem gelehrten Wissen gegenüber legt die Weisheit mit
Sokrates das Hauptgewicht auf die „Erfahrenheit"; sie schätzt
nur die Kenntnisse, welche wirklich „glücklich machen und
nicht zu schulgelehrt".[1]) So ist sie geeignet, eine Ausgleichung

---

[1]) I, 40: Der Hagedornsche Weisheitsbegriff spiegelt sich besonders
deutlich wieder in Wielands „Moralischen Briefen" von 1751 und 1752.
Sie erinnern in gar mannigfacher Beziehung an Hagedorns „Moralische
Gedichte".

zwischen den Gelehrten und den übrigen Ständen zu schaffen. Ihr gebührt der Richterstuhl, wenn die Gelehrten — was allezeit gefährlich ist — anderen die Eigenschaft „Gebildet" absprechen wollen.

Das Glück des Weisen steht aber nicht bloss mit der Gelehrsamkeit in keinem notwendigen Zusammenhange, es ist vielmehr völlig unabhängig von allem Irdischen.

> „Zu seinem (des Weisen) Wesen wird vom Zufall nichts entliehn:
> Recht, Wahrheit, Menschenhuld und Tugend bilden ihn".   I, 24.

Zufriedenheit und Freiheit sind die beiden kostbaren Eigenschaften des Weisen und bedingen, innig miteinander verschmolzen, wahre Glückseligkeit.

> Das, was allein mit Recht beneidenswürdig heisst,
> Ist die Zufriedenheit und ein gesetzter Geist (innere Freiheit).
> Der ist des Weisen Theil".   I, 14.

„Schein und Wahn" lehrt die Weisheit verachten. Das Glück, das ihr Besitz verschafft, ist in des Menschen innerstem Ich begründet.

> „Was ist die Weisheit denn, die wenigen gemein?
> Sie ist die Wissenschaft, in sich beglückt zu sein".   I, 15.

Selbst die stärksten und erschütterndsten Zufälle des Lebens können dem Weisen nicht seine Ruhe, seinen Frieden rauben.

> „Und bebte gleich der Welten Bau und Veste,
> So zaget er bei ihrem Einfall nicht".   I, 13.

Und mag die übrige Welt in noch so glanzvoller Pracht dahinleben: der Weise, der sein Glück in sich selbst trägt, beneidet sie nicht.

> „Ein Thor eilt stets auf neue Wirbel los;
> Ein Weiser ist, auch in der Stille, gross".   I, 71.

Da die Weisheit ihre Stätte in dem eigensten Wesen des Menschen hat, findet sie sich

---

Wie das Verhältnis von Gelehrsamkeit und Weisheit auch das Denken anderer Männer im 18. Jahrhundert beschäftigt hat, dazu ein paar Beispiele, citiert nach Grimms Wörterbuche:

1. *Bodmer* in den Diskursen der Maler: „So wol grosse als gemeine Leute stehen in dem Wahn, dass die Gelehrtheit einen merklichen Vorzug vor der Weisheit habe" (Gr. W. IV, I. 2, p. 3206).

2. *Lessing:* „Der aus Büchern erworbene Reichthum fremder Erfahrung heisst Gelehrsamkeit. Eigene Erfahrung ist Weisheit. Das kleinste Kapital von dieser ist mehr werth als Millionen von jener" (Gr. W. IV, I. 2, p. 2958).

3. *Kant* (Träume e. G., *Reclam*, p. 66): „Die wahre Weisheit ist die Begleiterin der Einfalt, und, da bei ihr das Herz dem Verstande die Vorschrift giebt, so macht sie gemeiniglich die grossen Zurüstungen der Gelehrsamkeit entbehrlich, und ihre Zwecke bedürfen nicht solcher Mittel die nimmermehr in aller Menschen Gewalt sein können" (Gr. W. IV, I 2, p. 2958).

„In würdiger Gestalt
Bey jeglichem Beruf, in jedem Aufenthalt.
Sie dichtet im Homer, giebt im Lycurg Gesetze,
Beschämt im Socrates der Redner Schulgeschwätze,
Bringt an den stolzen Hof den Plato, den Aeschin,
Gehorchet im Aesop, regiert im Antonin, —
Und kann in Curius sich den Triumph ersiegen,
Doch auch mit gleicher Lust die starren Aecker pflügen. I, 15.

Kommt das Prinzip der Weisheit zu allgemeiner Aner-
kennung, dann „ist das Glück an keinen Stand gebunden“.
Dann ist nicht nur eine Ausgleichung unter Gelehrten und
Ungelehrten geschaffen, sondern auch die infolge der irdischen
Güter zwischen den einzelnen Ständen bestehende Kluft über-
brückt.

Hagedorns Weisheitsbegriff enthält die Summe seiner Gedanken von Erziehung und Bildung, den Kern- und Höhepunkt derselben: es wird damit die Entwicklung des von
äusseren Zufällen nicht beeinflussten inneren Menschentums
zum obersten Grundsatze der Bildung erhoben. So steht der
Dichter auf dem Grund und Boden, auf welchem sich das
Denken und Fühlen des ganzen 18. Jahrhunderts aufbaut. In
Kant, Herder, Goethe und Schiller gelangte der Bau zu herr-
licher Vollendung.

Inhaltsübersicht.

Lebens- und Studiengang.

Franz Louis Meinhold, der Verfasser der vorstehenden Abhandlung, ist am 30. Januar 1867 zu Jägersgrün als der Sohn
des verstorbenen Kohlenbrenners Karl Louis Meinhold geboren
und evangelisch-lutherisch erzogen. Er besuchte die einfache
Volksschule des Kirchdorfes Rautenkranz im oberen Mulden-
thale und von Ostern 1881 bis Ostern 1887 das Lehrerseminar
zu Auerbach i. V. Darauf war er an der Stadtschule dieses
Ortes als Hilfslehrer und nach der im Herbste 1889 bestandenen
Wahlfähigkeitsprüfung als ständiger Lehrer thätig. Von Michaeli
1890 bis ebendahin 1892 war er als stud. paed. an der Universität Leipzig immatrikuliert. Während seiner Studienzeit, die
ausser dem gesetzlichen Biennium noch mehrere sich daran an-
schliessende Hörersemester umfasst, hörte der Verfasser Vorlesungen
folgender Herren Professoren bez. Dozenten: v. Bahder, Elster,
Fricke, Glöckner, Hasse, Hauck, Heinze, Hildebrand, Hofmann,
Lamprecht, Masius, Maurenbrecher, Ratzel, Richter, Seydel,
Sievers, v. Strümpell, Wachsmuth, Wolff, Wundt. Im Frühjahre
1893 bestand der Verfasser die Prüfung vor der Königlichen
Pädagogischen Prüfungskommission der hiesigen Universität.
Gegenwärtig wirkt er als Lehrer an einer Leipziger Bürgerschule.

www.ingramcontent.com/pod-product-compliance
Lightning Source LLC
Chambersburg PA
CBHW021600270326

41931CB00009B/1315